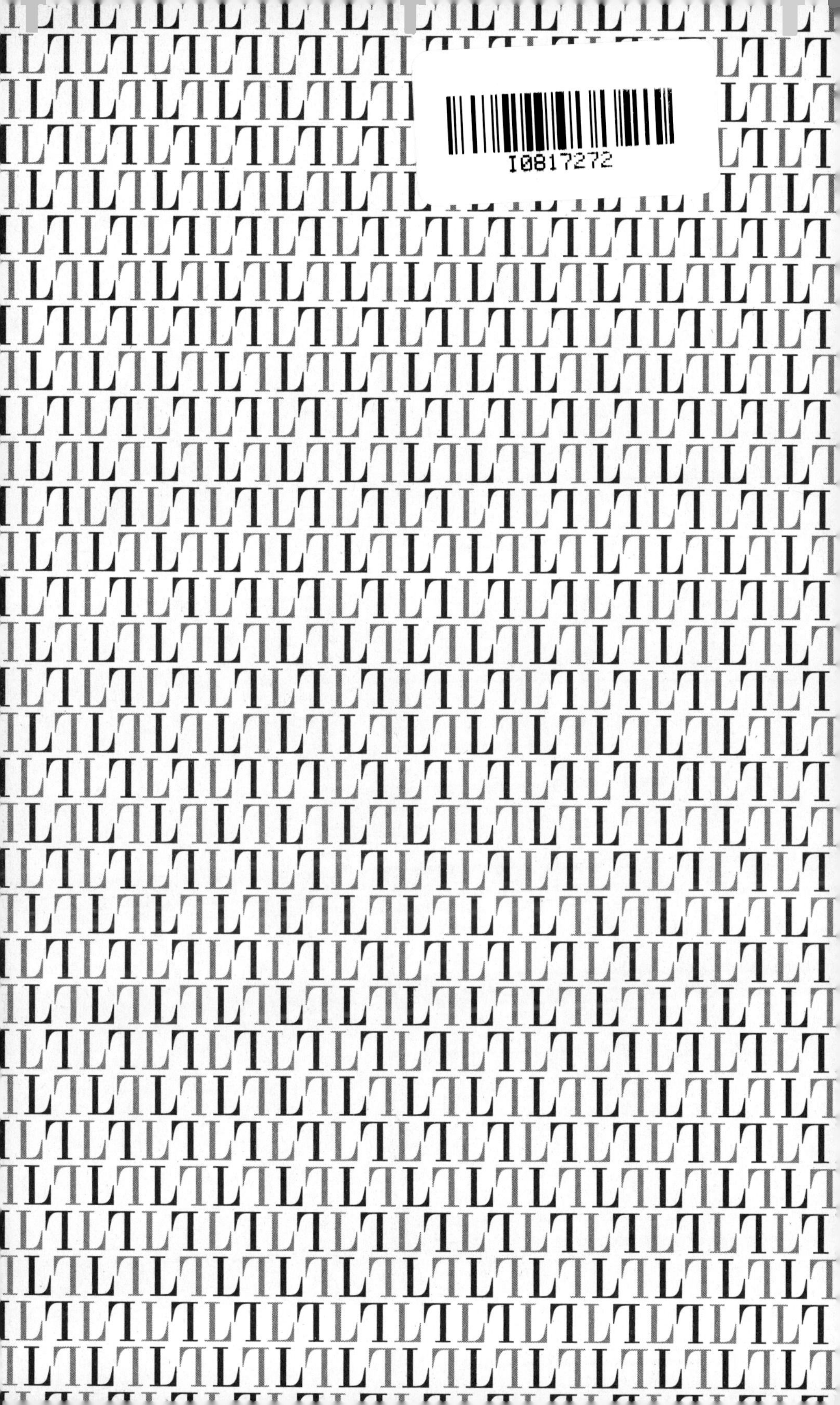

# Un himno a la vida

# Un himno a la vida

## Mi historia

Gisèle Pelicot

con Judith Perrignon

Traducción del francés de
Noemí Sobregués

Lumen

*narrativa*

Título original: *Et la joie de vivre*

Primera edición: febrero de 2026



*Printed in Colombia* – Impreso en Colombia

ISBN: 978-84-264-3321-3
Depósito legal: B-21517-2025

H 4 3 3 2 1 3

# Un himno a la vida

# 1

Siempre dejo puesta la mesa del desayuno la noche anterior. Coloco las tazas, los platos, los cubiertos y las servilletas, y después la miel y los botes de mermelada. Es como saltarme la noche, que siempre temo, y decretar la armonía del día siguiente. Solo habrá que sacar la mantequilla, encender el hervidor de agua y dejar que suban los aromas del café y del pan tostándose. Todo irá bien.

Así que esa noche lo había preparado todo. Incluso había sacado la ropa de Dominique. Llamémosle Dominique. Yo nunca lo llamaba así, prefería la ternura de los diminutivos, Doumé, Mino, y después ya no supe cómo llamarlo. Lo llamé señor. Señor Pelicot. Para escribir nuestra historia elijo su nombre de pila. Yo había dejado listo su pantalón de pana verde botella y el polo Lacoste rosa que le habían regalado nuestros hijos. La mañana siguiente debíamos presentarnos en la comisaría.

Nos habían citado a las nueve y media. Nos tomamos el café escuchando las noticias de RTL. La pandemia mundial de covid regresaba con fuerza. Habían decretado otro confinamiento. Miré el cielo a través de la ventana de la cocina. Hacía bueno y propuse dar un largo paseo por la tarde, como una contraorden a las imposiciones del Gobierno, y seguramente una forma de aliviar la citación de la mañana. Dominique, sentado frente a mí, no reaccionó. Le comenté que mi hermano Michel habría cumplido sesenta y nueve años, porque estábamos a 2 de noviembre. Suspiró y me dijo que no le gustaba noviembre, que nunca era un buen mes, sin duda una alusión a las muchas facturas y a los avisos de impago que iban a llegarnos. Así que mis fantasmas y nuestros problemas de dinero sobrevolaron por un instante la cocina. Pero vivíamos con ellos desde siempre. Y de alguna manera nos unían. Dominique fue a ducharse mientras yo recogía la mesa. Cuando llegó el momento de salir, se puso una cazadora que no combinaba en absoluto con la ropa que le había preparado. Se lo dije. Se encogió de hombros. Decidimos ir en mi coche. Condujo hasta la comisaría de Carpentras.

Dos meses antes, un guardia de seguridad de un supermercado Leclerc había pillado a Dominique grabando a tres mujeres por debajo de la falda. En ese momento yo estaba en casa de nuestra hija Caroline y su marido Pierre, en las afueras de París, cuidando a mi nieto hasta que empezara el curso. Después fuimos a pasar un fin de semana a su casa de la isla de Ré. Estaba allí cuando Dominique me llamó con una voz alterada que nunca le había escuchado. Balbuceó que había perdido el móvil, que necesitaba un código para activar el que acababa de comprarse y que había anotado mi número para que le enviaran el código. Se lo di, pero de repente todo parecía un caos en un hombre tan metódico y organizado. Unos días después, cuando vino a buscarme a la estación de tren, lo encontré demacrado. Ya en casa, se echó a llorar. Me dijo que no quería perderme. De inmediato vi a mi padre cuando murió mi madre. En mi cabeza, el hombre que llora y se estremece es mi padre, y yo, a su lado, soy incapaz de consolarlo. Y al verlo llorar temí que Dominique estuviera enfermo, que el cáncer hubiera regresado para llevárselo.

Cuando me confesó por fin que la semana anterior había perdido la cabeza en el Leclerc de Carpentras y había grabado a chicas por debajo de la falda, que había acabado en comisaría y que le habían confiscado el teléfono y el ordenador, me sentí triste pero casi aliviada. Era espantoso imaginarme a mi marido persiguiendo a esas mujeres, me resultaba insoportable verlo como un agresor, pero, comparado con mis miedos, en los que todo drama se mide con la vara de la muerte, no era irreversible. Ese día le dije que el asunto quedaría entre nosotros, que aceptaba no contárselo a nuestros hijos, a los que haría mucho daño, que no lo abandonaría, pero que tenía que pedir disculpas a las mujeres a las que había filmado, ir al psicólogo, y que si se repetía, me marcharía. «Te prometo que no volverá a pasar», me aseguró. Yo nunca podría olvidar lo que había hecho, era una señal de alerta, pero ¿de qué? No lo sabía. Quería que, a pesar de todo, la vida siguiera su curso en nuestra casita amarilla con persianas azules del sur de Francia, donde vivíamos desde que nos habíamos jubilado. Habíamos vuelto a cubrir la piscina. Las adelfas ya no florecían. Se acercaba el otoño.

A mediados de octubre volví a París, esta vez para cuidar a los niños de mi hijo David, que debía someterse a una pequeña operación quirúrgica. Subía a cuidar de unos o de otros cuando me lo pedían. Ahora mi calendario dependía de las vacaciones escolares. También me trasladaba si se producía algún imprevisto. Era la abuelita móvil. No me daba miedo envejecer, sabía que era un privilegio. En casa de David pasaba mucho tiempo con mis nietas. Charlize se negaba cada mañana a ponerse nada que no fuera un chándal. A Clémence, su hermana gemela, le encantaba cambiarse de ropa y sentía debilidad por los vestidos de princesa. Tenían nueve años, la edad a la que perdí a mi madre.

Esa mañana no oí el teléfono. Estaba sentada en las gradas de una pista de tenis. Charlize corría detrás de la pelota, y Clémence y yo la seguíamos con la mirada. Su golpe de derecha había mejorado. Un número que no estaba en mis contactos se quedó grabado en la pantalla como llamada perdida. Llamé un poco más tarde.

—Hola, ¿quería hablar conmigo?

El hombre se presentó.

—Suboficial Perret, de la comisaría de Carpentras. Tomamos declaración a su marido hace unas semanas. ¿Sabe de qué se trata?

Le contesté que sí, que mi marido me lo había contado todo. Sentí que mi respuesta era una victoria, la transparencia y la confianza de una pareja de toda la vida. Añadí que llevaba cincuenta años viviendo con él y que nunca me había jugado una mala pasada.

—¿Cuándo vuelve?

—El 21 de octubre. Puedo ir a verlo en cuanto llegue.

—No, no, tenemos mucho trabajo. Venga el 2 de noviembre con su marido.

Y llegó el 2 de noviembre. Dominique no tenía motivos para llorar como mi padre cuando murió mi madre. «No te preocupes, será una formalidad», le dije mientras aparcaba delante de la comisaría, un pequeño edificio moderno y sin pretensiones, amarillo, como nuestra casa, el color del encalado en Provenza. Entramos enmascarados con esos rectángulos azul claro que habían acabado cubriendo todas las bocas del planeta. Apenas habíamos dado nuestro nombre en recepción cuando un hombre con el pelo muy corto se inclinó hacia nosotros desde la barandilla del primer piso de la comisaría.

«Primero veré al señor Pelicot, y después a la señora», nos gritó.

Era el suboficial Perret. Dominique subió sin volver la cabeza, con su cazadora mal conjuntada. Poco después, el policía apareció de nuevo y me indicó con un gesto que subiera. Subí también yo la escalera a paso ligero creyendo que encontraría a Dominique en su despacho. No estaba. Laurent Perret me pidió que me sentara frente a él, pero a bastante distancia de su mesa, para que pudiera quitarme la mascarilla. De inmediato me disculpé por lo que había hecho mi marido. El hombre que estaba frente a mí era alto, corpulento, con un rostro imponente y anchos hombros, encarnaba la autoridad a la perfección, aunque me trataba con amabilidad y cautela.

Me preguntó la fecha y mi lugar de nacimiento: 7 de diciembre de 1952 en Villingen, Alemania. Apellido de soltera: Guillou. Nombres de mis padres: Yves Guillou y Jeanne Prot. Me preguntó cómo nos habíamos conocido, y le contesté que en casa de la hermana de mi madre, en julio de 1971, y añadí que había sido amor a primera vista. Me preguntó cómo describiría la personalidad de mi marido.

—Un hombre bueno y amable. Un tipo genial, por eso seguimos juntos.

Me preguntó si recibíamos a amigos en casa. Le contesté que nuestros amigos venían a cenar a casa a menudo, y cuando me pidió que le describiera una velada típica, le dije que no teníamos una rutina concreta, que no éramos unos viejos. Me preguntó a qué hora me iba a dormir, si a la misma que mi marido, y si me echaba una siesta después de comer. Sus preguntas me sorprendieron un poco.

—¿Practican el intercambio de parejas?

Ya no entendía nada. Me oí responderle que no, jamás, qué horror. Me oí balbucear que no podía ni imaginármelo. Que no soportaría que otros me tocaran. Que para mí debe haber sentimientos. Me preguntó si creía que conocía a mi marido hasta el punto de que no pudiera ocultarme nada. Le dije que sí.

—Voy a mostrarle fotos y vídeos que no van a gustarle.

Sentí en su voz, más que incomodidad, una extraña mezcla de peligro y protección. Me informó de que acababan de detener a Dominique por violaciones agravadas y por administrar sustancias nocivas. Creo que lloré. Me acerqué a su mesa. Volví a ponerme la mascarilla. Sacó una foto y me la tendió. Una mujer con liguero está acostada de lado. Un hombre negro tumbado detrás de ella la penetra.

—La mujer de la foto es usted.

—No, no soy yo.

Saqué mis gafas y él una segunda foto. La misma mujer de espaldas, con un hombre tatuado a su lado.

—Es usted.

—No.

No reconocía a los individuos. Ni a esa mujer. Tenía las mejillas muy flácidas. La boca muy caída. Era una muñeca de trapo.

Tercera foto. El hombre no se había quitado el jersey de bombero.

No oía lo que me decía el policía. O, mejor dicho, lo oía, pero no tenía nada que ver conmigo. Era como el eco lejano de una voz. «Es su habitación. ¿Las lámparas de las mesitas de noche no son las suyas?».

¿Y qué? La que está inerte en esa cama no soy yo. Es un fotomontaje. Lo ha hecho alguien que odia a Dominique. Justo anoche, al ver en el telediario a una mujer con covid intubada, me dijo lo triste que se pondría si me viera así.

El policía soltó una cifra. Supuestamente, cincuenta y tres hombres habían venido a nuestra casa a violarme. Pedí agua. Tenía la boca paralizada. Una psicóloga se unió a nosotros en el despacho. Una mujer joven.

Estoy muy lejos, aunque estemos en la misma habitación.

No la necesito. Estoy segura de mi felicidad, de nuestra felicidad. Casi cincuenta años de matrimonio, y la imagen todavía clara del día en que nos conocimos. Su sonrisa. Su mirada tímida. Su pelo largo y rizado hasta los hombros. Su jersey de rayas. Iba a amarme.

Mi cerebro se detuvo en el despacho del suboficial Perret.

# 2

Julio de 1971. Yo había ido a pasar unos días de vacaciones con mi tía Andrée, que acababa de perder a su marido repentinamente. Quería consolarla, como ella siempre me había consolado a mí. Enseguida me habló de Dominique, un joven al que había contratado. Ahora que mi tío había muerto, su hijo y ella necesitaban ayuda para sacar adelante el pequeño negocio de electricidad. Allí, justo al lado de la casa, estaba la empresa Gagneux, un taller con la fachada de madera cubierta de carteles publicitarios de nuevos productos e instalaciones de todo tipo. La modernización avanzaba a buen ritmo en el campo. «Tenemos mucho trabajo», decía mi tía.

Veía en ella el dolor silencioso de las personas de nuestra región, la obligación de seguir adelante, pero también la piel blanquecina de mi madre, que había muerto nueve años antes a dos pasos de allí. Buscaba en sus gestos, en su voz, el parecido, los ecos de una hermana, su hermana preferida, casi gemela. Habían estado muy unidas. Yo había regresado a la tierra de mi infancia, a la fuente turbia de mi melancolía y mis alegrías. Y la escuchaba hablándome de ese nuevo empleado que ahora iba con mi primo a montar instalaciones eléctricas en las granjas de los alrededores. Me prometió que lo conocería, porque pasaba tiempo con ellos después del trabajo. Incluso se quedaba a cenar. Su dos caballos rojo estaba aparcado allí, justo delante de la casa, en la carretera entre Châtillon-sur-Indre y Azay-le-Ferron. Nada malo podía pasarme en esa zona.

Para hacerse una idea hay que imaginar castillos por todas partes, y casas, a veces lujosas, a veces en ruinas, que se ven desde la carretera o el tren, y que parecen abrir las puertas a otros siglos y a otros mundos. Durante toda mi infancia había correteado por los alrededores de esos edificios vacíos. No creo haber soñado jamás con ser una princesa, ni haberme inventado historias de príncipes azules, aunque las torres redondas con tejados puntiagudos del castillo de Azay-le-Ferron parecieran salidas directamente de un cuento o de un libro ilustrado para niñas. Sabía de dónde venía. Caminaba con mi abuela detrás de las cabras y el perro, y la miraba mientras preparaba sus quesos en la bodega, sacaba la ropa hirviendo de la lavadora manual y la dejaba en la carretilla para ir a aclararla al lavadero con la pala. Y bebía *miot*, esa mezcla de agua, azúcar y vino en la que echábamos trozos de pan cuando ayudábamos a vendimiar con el caballo. Éramos los nietos de Marie y Roger Prot, campesinos de la aldea de Le Châtelier.

En verano íbamos a su casa con nuestra madre. Cada mañana oía desde la cama la voz de mi abuelo, que era carpintero, ofreciendo café a los trabajadores; escuchaba la danza reconfortante de los adultos señalando su presencia, su papel y su ternura. En la gran mesa de la cocina estaría el pan de cuatro libras cortado en rebanadas gruesas, y también la cafetera humeante, el requesón y los melocotones de viña recién cogidos.

Creo que es esa mesa la que prolongo ahora cuando preparo el desayuno la noche anterior; está hundida dentro mí, como las extensiones ocultas bajo las viejas mesas de madera que se despliegan los días festivos. Quisiera extender su promesa hasta el infinito. Un gallo sigue cantando en mis recuerdos. El sol se filtra por las contraventanas.

Ese decorado debería haberse vuelto borroso y pintoresco, el recuerdo lejano de mis vacaciones. El siglo XX estaba cambiando radicalmente. La Segunda Guerra Mundial se alejaba poco a poco en un profundo silencio. Los jóvenes se marchaban a la ciudad y sus alrededores, como ya lo habían hecho mi madre y muchos de sus hermanos y hermanas. La concentración parcelaria no tardaría en ampliar las propiedades, en eliminar a muchos campesinos y sus pequeños campos todavía llenos de setos, matorrales y terraplenes pedregosos en los que se escondían las serpientes. Pronto, la furgoneta del panadero o del carnicero que tocaba el claxon antes de apagar el motor y abrir la puerta trasera dejaría de pasar por la aldea. Las ásperas sábanas de lino, lavadas con azul de metileno y tendidas al sol, acabarían en los mercadillos de trastos viejos. Pero nosotros fuimos a vivir allí en 1957, en un movimiento contrario al del resto del mundo. El curso de la vida se invirtió.

Yo tenía cinco años y mi hermano Michel seis, la edad en la que los recuerdos se quedan grabados. Nuestros padres habían alquilado una casa fría, seguramente una antigua dependencia del castillo. Solo ocupábamos la primera planta, una serie de grandes habitaciones con techos altos y enormes chimeneas. La cocina estaba al fondo. No teníamos cuarto de baño, sino una palangana y una jarra; en invierno calentábamos el agua y en verano dejábamos al sol un gran barreño. Nos bastaba con cruzar el prado para ir a buscar a nuestra tía Jeanne, y nuestros abuelos vivían a unos minutos. La casa estaba al final de la calle que llevaba al castillo de Azay-le-Ferron.

El encargado del parque nos conocía bien a Michel, a nuestros primos y primas, y a mí. Nos veía pasar por la calle, detenernos en el colmado de la señora Tanchoux, hacer tintinear las monedas en el fondo de los bolsillos, salir con caramelos en la boca o con polvo Mistral Gagnant pegado a las yemas de los dedos, y luego entrar en el recinto. Jugábamos entre los senderos perfectamente podados de los jardines de estilo francés como corríamos por los caminos y los campos vecinos. Cruzábamos fronteras y épocas sin darnos cuenta, sin saber nada de las divisiones de los hombres ni de sus guerras, a las que se marchaba sin cesar mi padre, soldado profesional, que solo aparecía por casa durante breves permisos.

Pero sabíamos distinguir los dos caballos y los cuatro-cuatro de los lugareños de los DS de los más ricos, que se detenían frente a la pastelería de Azay-le-Ferron, muy conocida por su milhojas y su pastel con forma de melón, el famoso «Melón con almendras», siempre servido con crema pastelera. También sabíamos por qué nuestra abuela vestía de negro, aunque nuestro abuelo aún estaba vivo. Yo estaba en su casa con mi madre el día en que uno de mis tíos vino a decirle que Micheline había muerto. Llegó con los ojos rojos, con sus dos hijos pequeños a los lados. La niña se había quemado mientras su madre calentaba alcohol para desplumar un pollo, el líquido se le había caído encima y había muerto de camino al hospital. Micheline estaba muerta. Era de los nuestros, una niña morena de pelo corto. No era la prima con la que yo más jugaba, porque ella era más mayor, tenía doce años, pero era de los nuestros. Al día siguiente, mi abuela se vestiría de negro hasta el fin de sus días. Y a nuestro alrededor, los árboles, los campos y los castillos serían testigos de que sabíamos guardarnos las lágrimas para nosotros.

Sabíamos sobre todo que mi madre estaba enferma.

A veces ella iba al hospital y volvía pálida y delgada en una camilla empujada por los asistentes de la ambulancia. Yo siempre temía que se cayera, rodara por el suelo y ya nunca pudiera volver a casa. Un día, de camino al colegio, mis primas soltaron la palabra «cáncer» hablando de otra persona, pero se me quedó grabada, sonaba como una explicación posible y también como una sentencia de muerte. Poco después mi abuela cogía su bicicleta para venir a encargarse de todo, de nosotros y sobre todo de mi madre. La veía llegar cada mañana y marcharse por la noche vestida de luto. Mi madre no lloraba, al menos delante de nosotros, así que yo tampoco. Una vez la oí gritar. El más mínimo roce le dolía. Ya no podíamos tocarla. Veía a mi abuela desenrollar largas tiras de tela de algodón blanco que le colocaba a mi madre detrás de los hombros. Tenía la pelvis enyesada. El cáncer le había alcanzado los huesos. Habían trasladado su cama a la cocina, cerca de la ventana, para que nunca estuviera sola. A su lado estaba la mesa de formica roja. Encima, la radio Telefunken. Y el aroma del limpiador Miror que Hélène, la mujer de la limpieza, aplicaba a los utensilios de cobre que mi padre traía de Argelia, donde estaba destinado, para sacarles brillo.

Estos recuerdos seguían siendo muy vívidos cuando volví a casa de mi tía aquel verano de 1971. Todo vibraba en mí. Me tambaleaba. El pasado me absorbía, contenía la felicidad y la tragedia, como si ya hubiera vivido mi vida. Y entonces Dominique entró en la cocina. Ese día me había picado una avispa entre los ojos, y el veneno se había extendido y me había hinchado tanto los párpados que le parecí asiática. Yo pensé en Julien Clerc, por los rizos que le caían sobre los hombros y su jersey de rayas.

Se quedaba en casa de mi tía hasta muy tarde, sin duda postergando el momento de volver a casa de sus padres, en Châtillon-sur-Indre. Quería a mi familia, que parecía ofrecerle una calidez que no había conocido. Buscaba resarcimiento y cariño. Yo también.

Yo tenía diecinueve años. En ese momento vivía en París con mi padre, mi hermano y mi madrastra. Trabajaba como secretaria en una imprenta de cheques. Así que para él yo era una parisina, con todo lo que el mundo rural puede proyectar en esta palabra. Pero en el fondo solo éramos dos críos empujados desde muy jóvenes a la vida laboral. Y teníamos en común habernos despellejado las rodillas de niños en esa parte de Indre. Su timidez me tranquilizó. Se sonrojaba a menudo. No tenía nada de chico seguro de sí mismo. Yo no había conocido el amor, ni siquiera había tenido una aventura. Y sentí que iba a amarme. Conocerlo allí, en casa de Andrée, era una señal, una señal de mi madre, que me protegía. Ese hombre iba a amarme y mi vida recuperaría el sentido que había perdido.

Unos días después de haber vuelto a París le hablé de él a mi padre, que me echó un jarro de agua fría. Me dijo que yo era demasiado joven y que no teníamos experiencia. Como militar de carrera, no le gustaba que a ese tal Dominique lo hubieran declarado exento del servicio militar. Creo que no quería dejarme marchar. Yo no era mayor de edad, pero me ganaba la vida, así que los fines de semana cogía el tren a Indre, me reunía con Dominique y le regalaba jerséis y perfumes que había comprado en París. Lo atraía hacia mí, hacia la ciudad, lejos de su familia, a la que yo empezaba a conocer. Su madre, Juliette, decía que él en París no sería feliz. Tenía cincuenta años y parecía cansada de vivir. Su padre, Denis Pelicot, solo hablaba a gritos. En su casa oíamos hablar con admiración de su hermano Joël, que estudiaba medicina en la Universidad de Tours, mientras que Dominique, que había dejado los estudios muy pronto, entregaba su sueldo de electricista a sus padres. Compartía habitación con Nicole, una niña con retraso mental a la que su familia había acogido. La otra habitación era para su abuelo paterno, que durante mucho tiempo había sido botones de un gran hotel de Trouville, o eso decían, como si hubiera vuelto de otro continente, y que ahora tenía Parkinson. Sus padres dormían en el salón. Me parecía un mundo lúgubre, el caos de la fatalidad que se ahoga detrás de tantas puertas.

Pero bajo ese techo hicimos el amor por primera vez. Yo había postergado el momento, quería estar segura, tenía que ser el hombre de mi vida. Él tenía más prisa, pero esperaba a que yo estuviera lista. Él tampoco lo había hecho nunca. Sucedió una noche de mayo de 1972. Yo había ido a pasar el fin de semana, me alojaba en casa de sus padres y, como aún no estábamos casados, me cedieron la habitación del abuelo. Dominique acabó entrando en plena noche. Era la primera vez para mí y la primera vez para él. Recuerdo un contacto piel con piel suave, tímido e inevitablemente un poco torpe. Luego volvió a su cuarto sin hacer ruido y yo me quedé con la sensación de haber hecho un pacto. Éramos amantes y almas gemelas. Sufriríamos juntos lo que tuviéramos que sufrir, lejos de nuestras familias heridas. Yo sería su medicina y él sería la mía. Después vino a París a pedirle mi mano a mi padre, que no se atrevió a decirle que no.

«En las alegrías y en las penas», dijo el hombre que nos casó el 14 de abril de 1973. Me convertí en Gisèle Pelicot. La celebración fue sencilla. No teníamos dinero. Corrí hacia él. Estaba enamorada. La foto de los dos ese día era preciosa. Nos la hicieron en el parque, al pie del castillo de Azay-le-Ferron.

# 3

Dije que quería irme a casa.

—¿Va a poner una denuncia? —me preguntó el suboficial Perret.

—Sí.

Me salió dócilmente de la boca. Pero si no me lo hubiera preguntado, no se me habría ocurrido. Solo quería que aquello se acabara. Volver a casa. Seguir con mi vida. Firmé la denuncia que me entregó como si firmara un descargo de responsabilidad. Después el acta. Garabateé PCT, el trigrama de Pelicot, al pie de cada página, sin releer nada, sin ver que también había dicho que sí: «Sí, soy yo, es mi habitación». Está escrito. Es lo que la policía me oyó decir. No es lo que recuerdo. Mi cabeza gritaba que no, no, no era yo, no era él. «Ya no sé dónde estoy». Esto también está escrito. Lo dije.

Laurent Perret me propuso que un compañero suyo me llevara a casa.

—Y llame a alguien, no se quede sola —insistió.

Cuando salí por fin de la comisaría, sin duda Dominique seguía allí. Un policía se sentó al volante de mi coche y lo aparcó en el camino de grava frente al garaje. Luego se marchó en el coche patrulla que nos había seguido. Abrí la puerta aliviada, como si volver a casa pudiera borrar las horas que acababa de pasar, como si pudiera olvidar, como olvidaba tantas cosas en los últimos años. Olvidaba lo que habíamos hecho el día anterior por mi cumpleaños, olvidaba haberme despedido de mis hijos cuando se habían marchado, olvidaba haber ido a la peluquería, aunque frente al espejo era evidente que acababa de cortarme y teñirme el pelo. Tenía cada vez más lagunas. Las temía, me daba miedo conducir, me daba miedo coger el tren y saltarme la estación; en definitiva, me daba miedo morirme. Pero ese día convoqué ese vacío en mi cabeza, quería olvidar que había vuelto sola de la comisaría.

Imposible. La casa estaba patas arriba. Los investigadores habían ido a registrarla. Me puse a ordenarlo todo de inmediato. Borré los rastros de su registro. Todo debía volver a su sitio. Metí la ropa sucia en la lavadora y luego le dejé un mensaje a Pierre, mi yerno. «Pierre, llámame. Es sobre Dominique». Ni una palabra más. Nada concreto. Decir sin decir nada. No me sentía capaz de contárselo a mis hijos. Pasé la aspiradora por el salón. Después llamé a mi amiga Sylvie. «¿Puedes venir a verme? Tengo que hablar contigo». Sin explicaciones, como en mi mensaje a Pierre. Me contestó que vendría enseguida. Seguía tambaleándome. Tendí sus calzoncillos, sus pijamas y sus pantalones. Toda la ropa estaba limpia. Hacía buen tiempo, así que se secaría rápido en el jardín. Yo era como el perro que espera a su dueño en la puerta de casa. Él iba a volver. Su coche estaba en el garaje. Luego pasé el aspirador por las habitaciones. Empecé a planchar mientras esperaba. Llegó Sylvie.

—¿Estáis enfermos?

Había pensado en el covid. Nos sentamos.

—Han detenido a Dominique. Me ha violado y ha traído a desconocidos para que me violen durante años.

Acababa de decir lo que todo mi ser se negaba a oír. Lo que desde hacía más de dos horas todos mis gestos intentaban anular suplicándole a la lavadora, a la aspiradora y a la plancha que me devolvieran mi vida. Una oleada de vergüenza me invadió al observar lo impensable en el rostro de Sylvie. Se había quedado muda. Conocía bien a Dominique desde hacía años. Al principio había sido una compañera de trabajo, una chica muy reservada del departamento de documentación de Électricité de France con la que enseguida me llevé bien, hasta el punto de que nos veíamos fuera del trabajo y con nuestras parejas. A su marido y a ella les gustaba tanto venir en verano a nuestra casa que al jubilarse también se trasladaron a vivir a Mazan. Sylvie no lo entendía. Por un instante su estado de shock me reconfortó. No era posible. Pero Laurent Perret volvió a llamar para asegurarse de que no estaba sola. Algo en su voz y en su preocupación me alertaba sobre la extensión y el contenido del expediente que había reunido.

«Intente encontrar medicamentos. Nosotros no lo hemos conseguido», añadió.

Así que eso buscaban mientras estábamos en la comisaría, algo que convirtiera a una mujer en una masa inerte, hasta el punto de que las mejillas y la boca se le desplomaran sobre la almohada y la dejaran sin rostro. Pierre me llamó por fin a primera hora de la tarde. También estaba preocupado por el covid. Por la mañana le había dejado un mensaje alegre a su suegro: acababan de anunciar las etapas y el calendario del Tour de Francia, la ascensión al Mont Ventoux tendría lugar cuando estuvieran en nuestra casa de Mazan, ¡qué buena noticia! Y de nuevo me veo obligada a decir lo que no quiero oír.

«La policía ha detenido a tu suegro. Me ha violado y ha hecho que me violaran».

Por un momento no dijo nada. Continué. Necesitaba su ayuda. No sabía cómo contarle a Caroline lo que estaba pasando. Es la más imprevisible de mis hijos, una de esas personas sensibles que te quieren mucho y de repente se enfurecen contigo. Desde niña parecía albergar un sentimiento de inseguridad que nunca he podido explicarme ni calmar. Ahora tenía cuarenta y un años. Yo temía hablar con ella, temía su reacción. Para ella sería un infierno, lo sabía. Me preocupaba. Pierre, que vivía con ella, entendió a la perfección cómo me sentía. Me dijo que me avisaría en cuanto ella llegara a casa.

Después llegó el suboficial Perret. La presencia de Sylvie lo tranquilizó. Quería llevarse otra muestra de mi pelo, porque la que me habían tomado por la mañana no bastaba. Le dejé que me arrancara varios pelitos de la nuca, que más tarde descubriría que eran para un análisis de moléculas que indica la presencia de veneno. La ropa ya estaba seca en el jardín. Los calzoncillos y los pantalones de Dominique colgaban en el aire. Me encantaba nuestro jardín. Esa casa de una sola planta que habíamos elegido para nuestra vejez. Lo veía sentado en el sofá de cuero unas semanas antes, llorando y diciéndome que no quería perderme. De repente me di cuenta de que ese día él sabía lo que iba a pasar, sin duda sabía adónde nos arrastraba, porque su ordenador y su teléfono estaban ya en manos de la policía. Y yo que había creído ver llorar a mi padre...

A mediados de noviembre anochece temprano. Cerré la puerta con llave y me fui con Sylvie a su casa. Su marido, Michel, había sacado una botella de champán. Sin duda Sylvie lo había avisado, y lo imagino antes de que llegáramos pensando qué hacer, qué decir y metiendo la botella en la nevera para mezclar los buenos y los malos momentos. Le agradecí ese pequeño gesto de supervivencia y vacié mi copa. Hacia las siete de la tarde, Caroline me llamó. No contesté, no quería que estuviera sola cuando se lo dijera. Le envié otro mensaje a Pierre. Me repitió que me avisaría cuando llegara.

«Quédate a su lado», insistí de nuevo.

Al rato me avisó de que estaba aparcando. Llamé cinco minutos después. «¿Está Pierre contigo? ¿Puedes sentarte?». Le dije que su padre estaba detenido. Que me había drogado y violado. Que había hecho que me violaran. Soltó un grito. Un grito de angustia. El aullido de un animal salvaje. Mi hija se derrumbaba. Mis palabras para calmarla no le llegaban. Pierre cogió el teléfono, me dijo un par de frases y colgó.

Luego llamé a David, nuestro hijo mayor. «Siéntate. No tengo buenas noticias», le dije en voz baja. Me oía a mí misma. Hablaba como una autómata. Él me escuchaba sin reaccionar. Todos sabemos que tendremos que contar cosas difíciles a nuestros hijos, pero no esta, que se sale del marco de lo imaginable. Todo puede estallar, claro, pero no así. David no abría la boca. Al final me dijo: «Mamá, te dejo». Más tarde me enteraría de que corrió al baño a vomitar.

Florian también mantuvo la calma. Me preguntó en tono tranquilo dónde estaba y cómo estaba. Le contesté que en casa de Sylvie, que no estaba sola y que dormiría allí, en la habitación del primer piso.

Esa noche no pegué ojo. Mis hijos me llamaron uno tras otro casi cada quince minutos. Temían que me derrumbara a medida que su infancia se iba a pique. Se llamaban entre ellos, se consultaban, volvían a llamarme y desmontaban juntos, y cada uno por su cuenta, los últimos años. Esa noche Caroline me dijo: «Mamá, tus olvidos. ¡Tiene que ser eso!».

No lo había relacionado, pese a todo lo que me había contado el policía, pese al registro de la casa y las dos muestras de pelo. Dominique era testigo de mis pérdidas de memoria, me tranquilizaba y me acompañaba al médico. Mi peluquera le había expresado su preocupación después de ese día que se había borrado de mi memoria. Yo había ido a verla al día siguiente para asegurarme y me había parecido aliviada de que hubiera vuelto; me había descrito mi rostro inexpresivo en el espejo el día anterior y mis respuestas automáticas a sus preguntas; había temido que estuviera sufriendo un derrame cerebral y le había sugerido a Dominique que me hicieran pruebas lo antes posible. Él era mi aliado.

Yo estaba segura de que iba a morir como mi madre. Era mi destino, tenía un tumor cerebral. Un escáner lo había desmentido en 2017, pero no bastaba para quitarme la idea de la cabeza. Mi vida daba vueltas alrededor de esa tragedia, yo había querido que fuera una revancha, pero estaba claro que solo era una prolongación de la suya. No creía a los médicos, que me decían que mis trastornos solo eran síntomas de ansiedad. No tenía sentido. Un día no me despertaría, como mi madre. Era genético. Lo sentía. Me dejaba llevar por ese escenario, sobre todo porque los olvidos eran cada vez más frecuentes. Incluso mis hijos se daban cuenta. Tiempo después me contaron que una vez estaba hablando por teléfono con mi nieto Maxime y le repetía lo mismo una y otra vez, como un disco rayado. El niño estaba confuso, y sus padres, Caroline y Pierre, le indicaron con un gesto que colgara. Una neuróloga amiga de Pierre sugirió Alzheimer. Céline, la mujer de David, suspiró y dijo que deberían pensar en llevarme a una residencia. Las señales eran alarmantes. Cuando mis hijos llamaban, no era raro que su padre les dijera que estaba demasiado cansada para hablar con ellos. Cuando venían, yo estaba bien, no podía pasarme nada, pero un día que Florian tenía que volver a París se preocupó mucho. Durante la comida yo daba cabezazos y el brazo me colgaba como si no pudiera controlarlo. Mi hijo no quería marcharse, pero su padre lo acompañó a la puerta. «No te preocupes, está cansada. Voy a acostarla».

A acostarme, sí. Para violarme y que me violaran unas horas después de que nuestro hijo se hubiera marchado. Él sabía que el veneno de mi vaso de vino o de mi plato estaba haciendo efecto. Pero esa noche yo no relacionaba los acontecimientos, era demasiado pronto. Demasiado doloroso. Mis hijos lo hacían más rápido que yo. Habían comprado billetes de tren a Aviñón.

«Llegaremos mañana», me dijeron en plena noche.

A la mañana siguiente, a los primeros que vi llegar fue a los policías. Yo había vuelto a casa, que me atraía como un imán, quería seguir viviendo en ella, sacar fuerzas y buenos recuerdos de ella. «¿Dónde están las botas de montaña?», me preguntaron los investigadores. Las señalé en un estante del garaje. Sacaron unos calcetines hechos una bola, los desplegaron y cayeron unos cuantos blísteres de medicamentos. Empezados. Nuevos. Lorazepam, básicamente. Dominique había acabado confesando.

De repente mi casa ya no era mi casa. Estaba llena de zonas oscuras, escondites, recovecos y veneno. ¿Y dónde estaba la ropa interior provocativa de la mujer dormida? Desde luego que en el cajón de mi cómoda no. Mis bragas y mis sujetadores son blancos o burdeos. Son los colores que me gustan. Siempre me los he comprado sola. Es cierto que si pasábamos por una sección de lencería, Dominique me señalaba cosas. «Mira esto, qué bonito», me decía. Yo seguía adelante sin prestarle atención. No era para mí. Una vez que habíamos ido juntos a los grandes almacenes Le Printemps de París, en la plaza de la Nation, yo dudaba entre dos modelos. No podíamos permitirnos comprar los dos, así que al final me decidí por uno y fui a pagar. Mientras tanto, Dominique se metió el otro en el bolsillo. Lo pillaron los vigilantes y tuvo que pagar el artículo robado para poder marcharse. «Señora, no le eche la bronca a su marido —me dijo la dependienta—. Lo que ha hecho ha sido muy bonito».

¿Qué hacer con estos recuerdos?

Me dirigí de nuevo a la comisaría. Había quedado allí con mis hijos, que irían directamente desde la estación de tren de Aviñón en taxi. Sentí la tentación de soltar el volante y estamparme, pero solo por unos segundos, lo que tardé en descartarla. No era yo. Nunca le echaré una mano a la muerte.

Debía de parecer agotada, perdida en mi anorak, cuando llegaron David, Caroline y Florian. Me abrazaron, uno tras otro. Fue una alegría sentir su presencia y los abracé con tanta fuerza como ellos a mí. Yo estaba muy tensa, no quería soltarme, no quería derrumbarme ni llorar; sola sí, pero no delante de ellos. Luego entramos. El suboficial Perret los recibió en un pequeño despacho de la planta baja. Yo me quedé sola en la recepción. No sabía lo que se decían. Solo esperaba que no vieran las fotos. Cuando salieron, el policía quiso volver a hablar conmigo.

«¿Por qué no me habló de sus problemas de salud ni de sus pérdidas de memoria?», me preguntó.

Caroline se lo había comentado porque acababan de encontrar en casa los medicamentos. El policía les había mostrado las recetas de nuestro médico, que también se habían llevado. Le recetaba lorazepam, Viagra y zolpidem a mi marido, que debía de quejarse de dificultades de sueño y de erección a consecuencia de los problemas económicos. Le contesté la verdad: no lo había relacionado. Sí, estaba preocupada, sí, olvidaba tantos momentos que estaba convirtiéndome en la sombra de mí misma. Incluso tenía una cita para que me hicieran una resonancia magnética, porque con el escáner no me bastaba. ¿Debía contarle a ese policía que tenía la certeza de que iba a morirme de un tumor cerebral, como mi madre, que el gran agujero negro de mi infancia lo absorbía todo y eliminaba todo cuestionamiento, toda sospecha y toda queja? ¿Tenía que confesarle que estaba tan segura que a veces me decía que si eso era morirse, estaba bien, no dolía tanto, y que así me reconciliaba con la muerte, la mía y la de mi madre? Era inútil. El hilo de mis pensamientos nos llevaba demasiado atrás en el tiempo, demasiado lejos de su investigación. Lleva a un lugar al que voy sola.

Mis hijos y yo salimos juntos de la comisaría. Recuerdo haber pensado con alivio que quedaba crema de calabaza en la nevera para cenar. Ellos solo querían una cosa: abrir los cajones y los armarios. Registrarlo todo. Descubrir lo que nunca habían sospechado. Florian empezó por el despacho de su padre. Encontró una multa que le habían puesto a las dos de la mañana. ¿Qué hacía en la carretera en plena noche? Me miraban preguntándoselo. Desde el día anterior, sus padres eran dos desconocidos para ellos. El suboficial Perret llamó. Quería volver a hablar con mis hijos. Caroline y Florian regresaron a la comisaría. El policía les mostró dos fotos de una chica dormida que habían encontrado en el ordenador de su padre.

«¿Es usted?», le preguntó a Caroline.

Sin duda era ella.

Volvió muy alterada. ¿Le había pasado algo también a ella? ¿La había violado? Yo no sabía qué fotos eran, no las vería hasta más tarde, en el expediente. En ese momento lo más importante era canalizar su ansiedad, pero ¿cómo tranquilizarla después de haberse enterado de cosas tan terroríficas? La sospecha crecía en ella y también en sus hermanos. Todo iba demasiado deprisa para mí.

Anocheció. Mientras me dirigía a mi habitación, Caroline me propuso que durmiera con ella, lejos de esa habitación ahora maldita donde había sucedido todo. Pero yo necesitaba estar sola. Es duro negarle algo así a tus hijos, pero si iba a dormir con ella, si, pegada a su dolor, dejaba que el mío aumentara, me hundiría y no podría evitar convertirme en un peso más para mis hijos. Lo sabía, un viejo instinto de supervivencia me lo decía. Necesitaba tiempo y silencio para digerir todo lo que acababa de descubrir y recuperar mi fuerza. Pero ella no quería quedarse sola. Le pidió a su hermano que durmiera con ella. Florian trasladó su colchón y se instaló a su lado. Yo me acosté en la cama de las violaciones, que también era la mía.

¿Habría servido de algo si me hubiera acurrucado al lado de mi hija y hubiéramos pasado toda la noche hablando? No lo sé. Al día siguiente me levanté temprano. Ella entró en la cocina. Estaba inquieta. Yo, profundamente triste, todavía una autómata, aferrada al próximo gesto, a la próxima hora. Repasé con ella los últimos días. Entendía sus dudas, no podíamos descartar ningún horror, pero me negaba a convertirlas en certezas, y para ella eso indicaba que yo lo negaba. Intentaba tranquilizarla, le decía que debíamos dejar que los investigadores establecieran los hechos, que debíamos darles tiempo para que revisaran todos los archivos informáticos de su padre. Pero éramos diferentes ante la vida y sus tragedias. No era la primera vez en mi vida. Me acurrucaba bajo la vieja malla de mi coraza. No me hundiría, como mi padre, como mi hermano, y tampoco quería que Caroline se derrumbara.

Empezó la limpieza general. Mis hijos me pidieron que recogiera lo que quisiera llevarme, porque la tarde siguiente nos iríamos todos a París. Caroline abrió el aparador, cogió los platos uno tras otro y los lanzó por la cocina gritando que ya no los necesitaba.

—Caroline, no lo rompas todo, por favor. Necesito conservar algunas cosas.

—Pero ¿qué quieres conservar de esta vida? —me gritó.

Todo se rompía. Los objetos. Nuestra historia. Nosotros. Yo, un poco más cada instante que pasaba. Caroline corrió al pasillo y descolgó un cuadro pintado por su padre que representaba a una mujer desnuda de espaldas. Siempre le había dicho a su padre que lo quería como herencia cuando él muriera. Ahora intentaba romperlo en la terraza cuando apareció el título, escrito en el reverso con lápiz negro, aterrador teniendo en cuenta lo que acabábamos de descubrir: *La dominación*. Caroline terminó de destruirlo. Después arremetió contra las fotos enmarcadas que colgaban por todas partes. Luego contra los álbumes, que sacó de un baúl. Nuestras vacaciones, nuestras Navidades, nuestra juventud, lo rompía todo. Página tras página. Sus hermanos no la detenían. Revisaban el despacho con más calma. Pero la furia de su hermana era sin duda también la suya. Sus recuerdos se habían convertido en mentiras insoportables. Para mí no. Me aferraba a ellos, habría querido conservar esas imágenes de un padre, de un marido, de la familia que habían construido dos críos heridos de Indre que se habían encontrado y se habían casado al pie de un hermoso castillo. Nuestros hijos no podían contarse la misma historia, por supuesto, y los dejaba hacer, perdida en mi propia casa.

Solo conseguí alejar a la vecina, demasiado curiosa, cuando intentó asomar la cabeza por el patio, alertada por los gritos y el alboroto.

«Esto no es el Circo Pinder», le dije.

La tristeza devastaba la casa. David y Florian echaban los fragmentos rotos en bolsas de basura que metían en el coche de su padre. Cuando se llenaba, los llevaban al vertedero. Al volver, cargaban de nuevo el coche. Hicieron varios viajes, y pronto ya no eran fragmentos rotos lo que llevaban a la basura, sino los muebles de ratán del jardín y los objetos y la ropa de su padre.

A la mañana siguiente, Caroline se sentía muy mal. Llamó a una psicóloga que le había recomendado una amiga. Habló con ella por teléfono en la terraza de la casa. Todavía la veo paseando de un lado a otro por las pocas baldosas donde solíamos comer y cenar en verano. Le contó lo que acabábamos de descubrir y después le describió las dos fotos de ella dormida. Yo solo oía retazos de lo que le decía. Al final, Caroline colgó y volvió a entrar en casa hecha una furia. «¡Me ha matado! ¡Me ha matado!», gritó. La psicóloga, que no la conocía y que hablaba con ella por primera vez, le había dado a entender que probablemente su padre la había violado. Caroline se desmayó. Florian la colocó en posición lateral de seguridad, yo corrí a buscar agua con azúcar y llamamos a los bomberos. Nos dijeron que fuéramos a urgencias, pero mis hijos no querían que perdiéramos el tren de la tarde, no querían quedarse en esa casa una noche más. Encontraron a un médico de Mazan, que le recetó un tranquilizante.

Había llegado la hora de marcharnos. A mí no me apetecía. Quería quedarme en mi casa y dormir en la de Sylvie.

Quería dar vueltas por la casa un poco más. Pero no me resistí. No tenía fuerzas para decirles que no. Me hablaban como si fuera una niña. Yo les obedecía. Sus intenciones eran buenas. Creían que su deber era cuidarme. Me fui con ellos.

Sylvie nos dejó en la estación. Yo solo llevaba dos maletas y, atado a su correa, a Lancôme, mi pequeño bulldog, que seguía esperando el regreso de su amo. El tren avanzaba a toda velocidad. Entre nosotros se instalaban largos silencios, una mezcla de agotamiento y estupefacción. De vez en cuando caía en la cuenta de algo, pero sobre todo me daba la impresión de estar en una enorme trituradora. Mis hijos volvían a su vida, pero yo ya no la tenía.

Nuestra llegada a la estación de Lyon de París fue quizá el momento más doloroso. Todavía lloro solo de pensarlo. No sabía qué hacía allí. La multitud en el andén me parecía un enjambre de moscas que se abalanzaban sobre mí. El vacío me absorbía. Era como una falla, una vieja falla bajo mis pies que me perseguía, me buscaba desde hacía mucho tiempo, me había encontrado y me lo quitaba todo, una vez más.

# 4

Nací en Villingen, Alemania. Me cuesta que los recuerdos me trasladen de vuelta allí, porque era muy pequeña. También me cuesta pasar por alto que nací en un país en ruinas, porque precisamente por esa razón nací allí. Alemania había perdido su soberanía, los aliados la habían dividido en varias zonas, y el ejército francés ocupaba una de ellas; así que mi padre, el soldado Yves Guillou, había seguido a su regimiento, y mi madre, Jeanne, a su joven marido.

Tengo una foto de ellos allí. Él rodea con el brazo a su mujer, que lo sujeta por la cintura. Están muy pegados, enamorados, no hay nadie alrededor, están de pie en un prado, en plena naturaleza, con un lago al fondo. El desastre ha quedado atrás, están como solos en el mundo, felices en la Alemania derrotada que devastó su infancia. Mi padre tiene el torso musculoso y tonificado de un soldado, y mi madre cubre su redondez con una blusa ancha. Está embarazada de mi hermano, Michel.

Yo nací un año después, en diciembre de 1952. Fue mi padre el que insistió en que me llamara Gisèle. Así habría llamado su madre a su hija, si la hubiera tenido. Él guardaba como un tesoro los pocos recuerdos que tenía de ella, que murió de tuberculosis cuando él tenía siete años. ¿Empezó allí la serie de desgracias? ¿Era yo la que debía acabar con ellas?

Tengo otra foto. Mi padre al final de la adolescencia y con uniforme. Debe de tener diecisiete años. Parece un niño. Lleva el pelo hacia atrás y una gorra de lado, como los soldados estadounidenses que poblaron su adolescencia. Se alistó en el ejército. En el reverso escribió tiempo después: «Diciembre de 1945. Mi primer permiso. Papá». Probablemente había vuelto a su casa de Scaër, en Bretaña, por unos días. El pueblo aún mostraba las cicatrices de los terribles combates que había librado la Resistencia en agosto de 1944, cuando se había alzado contra los ocupantes nazis tras el desembarco aliado en Normandía. Puede leerse el apellido Guillou en el monumento a los fusilados, un tal Corentin de veintiún años al que ejecutaron los nazis. No sé si era un familiar lejano, nunca nos dijeron nada, pero la sangre derramada por la liberación de Francia sin duda marcó la adolescencia de mi padre y forjó su deseo de ser soldado. Era mejor que trabajar en una fábrica, como sus dos hermanos, como su padre, que había vuelto a casarse, pero su segunda mujer murió en el parto y lo dejó con otros dos hijos. De nuevo la desgracia. Y el ruido infernal de las máquinas y de los grandes rollos de papel de las papeleras de Cascadec, que se oían incluso en su casa de la colina. Una auténtica bomba de succión. Era su turno. Pero mi padre miraba hacia el mar, de donde llegaban los vientos liberadores, y quiso alistarse en la marina. Lo rechazaron porque era muy bajo, así que se alistó en el ejército de tierra. Pero en el baile de la marina conoció a mi madre unos años después. En el baile de la marina, en el muelle de Javel, en París, como decía siempre, aunque nunca nos contó cómo acabaron los dos en esa pista de baile. Ella era de Berry y él de Bretaña.

Tengo una foto más de ellos, vestidos de domingo en la capital. Un primo me la dio hace poco junto con las demás. Las cojo con cuidado. Son los únicos rastros que me quedan. A veces tengo la impresión de que sin fotos la memoria no existe, al menos con la precisión suficiente para mantener vivos los recuerdos. Seguramente mi padre se la había enviado a su familia de Bretaña. Está vestido de civil, con un abrigo con cinturón y hombreras. Mi madre lleva un traje blanco entallado y un bolso rígido colgando de la muñeca. Parece contenta, segura de sí misma. Y su sonrisa, de nuevo esa sonrisa. Mi tía Andrée siempre me ha dicho que sonreía a todas horas. Esa sonrisa es mi herencia. Y creo que era el escudo de mi padre. Él parece evitar el objetivo. Mira hacia otro lado. Si observo con atención esta imagen tomada en una acera parisina, todos, incluso los curiosos del fondo, miran a la persona que está haciendo la foto, excepto mi padre. ¿Está de permiso? ¿Ya lo han movilizado a Indochina? Suele decirse que los que van a la guerra, al volver, ya no entienden la ligereza de la multitud. La foto no está fechada. No sabría decir de cuándo es. Quizá la mirada fugaz de mi padre solo duró un instante, un segundo. O quizá sea el velo de preocupación que nunca lo abandonó. Esta joven pareja está a punto de casarse, o acaba de hacerlo. Después se marcharon a Alemania.

Tengo tres fotos de nosotros allí. Veo un interior moderno y a dos padres jóvenes, cada uno con un bebé en el regazo, mi madre con una bata larga. Mis primeras sensaciones añaden el frío de los inviernos alemanes, pero también la calidez de los jerséis de lana gruesa que tejía mi madre, el sabor de los perritos calientes que comíamos en la calle y la belleza del mercado navideño. Vivíamos en Reutlingen, una ciudad guarnición. Grandes edificios grises albergaban la artillería y la caballería francesas. La historia, sus heridas y sus rencores aún rezumaban a nuestro alrededor, y se veían vehículos blindados inmóviles y campos de entrenamiento en los que saltábamos zanjas con riesgo de caernos. Pero, hasta donde recuerdo, me fascinaba sobre todo el pasaplatos de la cocina. Bastaba con levantar la persiana y dejar un plato, que recuperábamos al otro lado, en el comedor. Era como un escondite. Allí guardaba mis juguetes y cualquier objeto que me caía en las manos. Era muy tentador acurrucarme dentro y atravesar las paredes. Como un pasaje secreto.

El siguiente recuerdo lo anula todo. Es muy nítido. Tengo cuatro años y medio, hay hielo en la calle y mi madre resbala en la acera mientras nos acompaña a la escuela. Se levanta despacio, pero una amiga insiste en llevarla al médico tras dejarnos en la escuela. Michel se dirige a su clase, pero yo no, me niego, no quiero soltar la mano de mi madre, quiero quedarme con ella. No sé por qué, pero de repente temo por ella. Así acabo a su lado bajo la inmensa y potente lámpara de un médico, y descubro bajo su pelo largo un círculo de piel roja y quemada oculto en la parte posterior del cráneo. El pelo ya no brota. La herida me asusta, y aún más lo que esconde, todo lo que no me dicen.

Mi madre tenía los días contados.

Dos años antes, mi padre había notado un bulto al pasarle la mano por el pelo. Trataron el tumor con radioterapia, que le quemó la cabeza sin darle muchas esperanzas. El médico no le prometió más de seis meses de vida. Así empezó una batalla, un desafío a la muerte. Por eso mi padre apenas volvía a casa, multiplicaba las misiones, se iba para ganar más dinero y ofrecerle a mi madre los mejores médicos y la medicina más avanzada, quería prolongar el tiempo que le quedaba. Quién sabe, quizá algunos días creía que podría salvarla, salvarse, no dejar que la tragedia se repitiera, no perder a su mujer después de haber perdido a su madre y no ver que sus hijos se quedaban huérfanos como él. Pasó un año, y otro. Era una victoria, mi madre estaba viva. Pero mi padre no disfrutaba de ella, y tampoco nosotros de ellos juntos, salvo en los breves permisos.

Poco después de su caída y de mi descubrimiento de lo que tenía debajo del pelo nos mudamos a Azay-le-Ferron. No sé si para ellos volver a la tierra de mi madre anunciaba el fin. Mi madre regresaba con sus padres, sus hermanos y sus hermanas. Mi padre necesitaba ayuda. Se marchaba y volvía. Un año más, y otro. Mi madre perdía peso. Yo crecía. La cuidaba.

Veo a mi madre metiéndose naranjas en la blusa para hacerme reír. Sus pechos se han diluido. Es su último verano. La veo tumbada en la cocina pidiéndome que vaya a echar una carta. Está preocupada. En Rabat se ha estrellado un avión. Teme por mi padre. Y yo cojo la carta, le sonrío, voy corriendo a correos, rápido, rápido, cartero, aquí tiene una carta de mi madre moribunda para mi padre, que teme que ya esté muerto.

Unos meses después, mi madre me dice en voz baja que Papá Noel vendrá y se la llevará. Yo pienso que él la ayudará, la protegerá y la cuidará. Incluso nos la devolverá. Papá Noel hace regalos. Y aunque tengo casi nueve años, sigo creyendo en él. Pasan las Navidades. Llega el nuevo año, 1962. Mi padre aún no se ha marchado; su permiso es más largo de lo habitual.

Enero llega a su fin. Estoy viendo *La Piste aux étoiles* en la tele con Michel. Es miércoles, el día en que nos sumergimos en el circo, con su orquesta por encima de la gruesa cortina de la que salen los acróbatas, los payasos y los elefantes. Somos de los primeros que tienen televisor en el pueblo. Mi padre está con nosotros. Sin duda su permiso es mucho más largo de lo habitual. Estamos en su habitación, porque ahora la cama de mi madre está en la cocina. Mi abuela viene a decirle que le ha puesto a mi madre una bolsa de agua caliente en los pies, que los tiene fríos, que no se mueve y que mejor vaya a verla. Apenas se ha levantado del sillón cuando me pongo de pie. Una fuerza me ordena que vaya con él. Entramos en la cocina. Mi padre se inclina sobre mi madre. Le cierra los ojos. «Mami», susurra. Siento un dolor inmenso en su voz, una ráfaga de pánico, me da la impresión de que está llamándola y sacudo con suavidad a mi madre por el hombro para despertarla.

Me enviaron a dormir a casa de mi tía Jeanne, la mujer del hermano mayor de mi madre. Se llamaba como ella y era tan dulce como ella. Michel fue a casa de Andrée porque su hijo tenía más o menos su misma edad. Nos separaron esa noche y los días siguientes. Cuando nos dejaron volver a casa, mi madre seguía en su cama, con su bonito traje de rayas, una larga trenza sobre el hombro izquierdo y los brazos cruzados. Para mí seguía dormida.

Mi padre no quiso que fuéramos al entierro. No quiso que viéramos el ataúd hundiéndose en la tierra, ni que lo viéramos a él derrumbándose, como se derrumbó al salir del cementerio. Una úlcera perforada le desgarraba el pecho. Lo vi llorar después, sentado en la cocina de mi tía. Decía que no era justo. Que él era el soldado, que era él quien debía morir en la guerra, no ella, que habría podido vivir con su paga. Un día nos llevó por fin al cementerio. Nevaba. Y recuerdo que junto a su tumba pensé que mi madre no debía de estar bien allí.

Después, durante mucho tiempo me daba miedo dormir. Me daba miedo esa noche de la que no despertamos. Era como si me introdujera en el cuerpo de mi madre buscando respuestas. ¿Dónde estaba? ¿Cuándo volvería? Los meses siguientes a su muerte me quedé en casa de mi tía Jeanne, y mi hermano, en casa de Andrée. No nos veíamos en la escuela, porque había una para niñas y otra para niños. En julio, mi padre vino por fin a buscarnos. A veces se enfadaba por nada, y el largo mechón de pelo que se peinaba hacia atrás le caía sobre la cara. Solo podía explicarme esos momentos oscuros por la muerte de mi madre. La guerra de Argelia acababa de terminar. Él nunca hablaba de ello. Seguramente lo hacía con otros. Ahora trabajaba en el Ministerio de la Guerra. Nos trasladamos a París.

Vivimos una breve temporada en casa de Claude, el hermano de mi madre, y su mujer, Paulette, en la calle Yvette, cerca de la estación de metro Jasmin. Él era techador e iba al trabajo en moto. Un día, desde su casa, vi pasar a Henri Salvador en un Cadillac rosa. Mi padre alquiló un piso en la avenida Daumesnil, número 218 bis, en el distrito XII. Por suerte, la familia de mi madre vivía en el barrio. Estaba su madrina, Marthe, que tenía una peluquería en la avenida. Y su hermano menor, que vivía en la calle Fécamp, número 55. Su mujer, Louisette, era la portera del edificio. Vivían en la pequeña portería, con el baño en el patio y la calefacción de carbón, que había que ir a buscar al carbonero con un cubo metálico. Su hijo, Philippe, era algo menor que nosotros, pero volvíamos juntos a su casa a la hora de comer, porque mi padre no quería que nos quedáramos en el comedor de la escuela, y por la tarde, después de las clases, hacíamos el mismo camino y esperábamos a que mi padre viniera a recogernos.

Éramos un trío, nietos de campesinos ahora parisinos. La avenida Daumesnil era nuestro territorio. Al final estaba el Museo de las Colonias y su inmensa fachada con figuras exóticas esculpidas. Más allá, el bosque de Vincennes y el lago, que señalaban el límite de nuestras excursiones. Yo saludaba a todo el mundo por la calle, como en Azay-le-Ferron. No quería que nadie se pusiera triste. Me parecía que todos los adultos lo estaban.

Mi padre estaba triste. Marthe, la madrina de mi madre, a cuya peluquería me gustaba tanto ir, suspiraba cuando le decía que de mayor sería peluquera como ella. «Elige otra cosa —me respondía—, es un trabajo agotador, te pasas el día de pie y tienes que tocar demasiados productos tóxicos». En cuanto a mi tía Louisette, cuando decidía que yo estaba despeinada, cogía el cepillo, me lo hundía en el pelo y tiraba con fuerza como si odiara al mundo entero. Aunque me dolía, no decía nada, no me quejaba, me daba igual, no era el gesto de mi madre. Ese no volvería a sentirlo, pero era tierno, protector, y pensaba en él a menudo. En el colegio nos pidieron que dibujáramos una tarjeta para el día de la Madre. La maestra me dijo: «Tú hazle una a tu padre».

Mi padre volvió a casarse tres años después. Se casó con Marie-Joséphine, una viuda que vivía con su hija en el primer piso de la casa de su familia, en Bretaña. Su hermano mayor, Jo, había organizado su encuentro durante nuestras vacaciones. Como en el funeral de mi madre, mi padre no quiso que asistiéramos a su segunda boda. Ese día vinieron juntos a buscarnos a la escuela. Los observé desde la ventana del pasillo. Ella había traído a su hija, y yo no quería salir, no quería que nadie sustituyera a mi madre. Mi padre no había elegido a una sustituta para nosotros, porque ella era todo lo contrario de mi madre. Tenía los labios tan finos, tan apretados, que solo le dibujaban un signo de restar en la mandíbula. Nunca salía de ellos una palabra amable. Seguro que mi padre tampoco pretendía revivir una historia de amor. La más grande, la más loca y la más hermosa se la había llevado la enfermedad. Solo colocaba una presencia femenina en casa. Eso lo tranquilizaba.

Nos quedamos en el barrio, pero nos mudamos a la calle de la Vega, número 44 bis, a una pequeña urbanización de bloques modernos y grises. El nuestro tenía ocho plantas y vivíamos en la sexta. Nuestra madrastra decidió que debíamos comer en el comedor de la escuela, no quería tenernos en casa al mediodía. Escondía el café y la mantequilla. Y las manzanas, en el tambor de la lavadora. En la mesa solo había yogur o fruta. Su afán por ahorrar apenas disimulaba las privaciones a las que nos sometía. Cerraba el agua caliente mientras me lavaba el pelo, porque lo tenía largo y consumía demasiada para aclarármelo. En secreto la llamaba Folcoche, como en la novela *Víbora en el puño*, de Hervé Bazin. Yo veía que Michel sufría.

Siempre nos escapábamos con nuestro primo Philippe. Íbamos todavía más lejos. Una cueva de uno de los islotes del lago del bosque de Vincennes albergaba nuestras aventuras. No tenía nada de salvaje con esas orillas ajardinadas, incluso había una rotonda con columnas blancas encima, pero estábamos bien dentro de la roca húmeda, sobre piedras cubiertas de musgo. Allí nos atrincherábamos y durante unas horas dejábamos de ser los peones de la amargura de los adultos y de la escuela. Un día, al salir de la cueva, quise meter los pies en el agua. Avancé y me hundí muy rápido, totalmente vestida, absorbida por el lodo. El lago me sumergía despacio. Me hundía. Estaba boca arriba. Recuerdo que no intenté salir. Mi cuerpo emergió a la superficie y volvió a sumergirse en el agua fangosa sin que yo reaccionara. Dejé que sucediera. ¿Era eso morirse? De repente el puño de un hombre me sacó del agua. Mi hermano y mi primo Philippe habían pedido ayuda. Yo no.

Tenía doce años. Era el año en que nuestro padre se había vuelto a casar. Mi cuerpo estaba cambiando. La pubertad me dibujaba nuevas formas. Tiempo después me enteré de que mi padre le había pedido a mi tía Louisette que me explicara lo que me esperaba. Ella me llevó aparte y me dijo que no tuviera miedo, que algún día vería sangre en mis bragas, pero que no me preocupara. Mi padre no habría podido pedirle a mi madrastra esa complicidad femenina, porque conmigo no la tenía, no dejaba de repetirme que estaba gorda y que parecía un caballo de tiro, mientras que su hija era guapísima, por supuesto, un caballo de carreras. Recuerdo esta imagen ecuestre. A esa edad, las palabras duelen como nunca. Y la vergüenza de aquellos días no se olvida. Quizá lo que por un instante dejé a merced del lago y de la ausencia fue ese nuevo cuerpo. Pero ¿quién protegería la sonrisa de mi madre? ¿Quién la prolongaría, aparte de mí?

Mi hermano estaba sumido en el dolor y cada vez más gordo. Ya no era el niño vivaz y ágil con el que había corrido por el campo. Me parecía que sus redondeces contenían lágrimas. Mi madrastra era especialmente dura con él. No prestaba atención en la escuela. Y qué perdido pareció el día de su comunión. Nuestro padre, el soldado, había querido celebrar una gran comida con nuestros tíos y tías en el comedor de oficiales de la escuela militar, que la pompa del ejército cubriera nuestras penas. «¡Dios ayuda a los que se ayudan a sí mismos!», decía. Pero parecía tan desesperado como su hijo. Los años habían dejado para siempre una inmensa melancolía en sus ojos.

Por la noche me metía el pulgar en la boca. Durante el día me preguntaba cuál era mi misión en la vida. En cuanto cumplí catorce años, busqué trabajo para el verano. Michel vino conmigo y solicitamos juntos un puesto en una fábrica de Ménilmontant. Se trataba de ensamblar carcasas de teléfonos. A mí me contrataron, pero a mi hermano no. A él le ofrecieron el taller de coronas funerarias. Salíamos juntos por la mañana y volvíamos juntos por la noche. Yo me pasaba el día con pequeños muelles en las manos. Él, con adornos para tumbas.

Cuanto más se hundía mi hermano, más dura me volvía yo. Yo era el soldadito de la alegría. Con mi primer sueldo les compré para Navidad una bata a mi padre y una polvera a mi madrastra. Ella apenas la miró. «Lo mejor que podría hacer es ahorrar», dijo lo bastante alto para que la oyera. No lo entendí.

Ahora me escapaba con Françoise, mi mejor amiga, a la que había conocido en el colegio. Sentíamos que los tiempos estaban cambiando, aunque no estábamos del todo seguras de si eso nos afectaba. Nos llegaban los ecos y los nombres del centro de París, hablábamos de Beauvoir y Sartre, o de Aragon y Elsa Triolet, conocíamos *El segundo sexo*, pero no pretendíamos leerlo. El Café de Flore era como un planeta lejano, a varias paradas de metro de nuestro barrio. Preferíamos ir al Louvre, por la inmensidad de las salas, el crujido del parquet y el olor a cera. Siempre arrastraba a Françoise hasta el cuadro de David de la coronación de Napoleón. Le contaba que la madre del emperador no estuvo en Notre-Dame, pero que él exigió al artista que la incluyera en el lienzo. Creo que por eso me encantaba este cuadro, porque colocaba a la madre en un lugar en el que no estaba. Françoise debía de pensar que tenía mucha imaginación, porque me aseguró que acabaría siendo escritora, como Colette. Ella soñaba con ser azafata. Me gustaba quedarme a dormir en su casa. Recuerdo que su padre daba clases de esgrima en el instituto Henri IV, y también que cantábamos a voz en cuello el estribillo de una canción de Jean-Claude Pascal: «*He celebrado fiestas que sorprenderían a los príncipes, en esta habitación desgastada por tres siglos de amor...»*. Teníamos quince años.

A los dieciséis se me presentó la ocasión de marcharme lejos. Estaba sustituyendo a la institutriz de una familia rica que vivía en el bulevar Général Koenig de Neuilly-sur-Seine. La madre era francesa y el padre estadounidense, con el mismo peinado que el presidente Kennedy. Me ocupé de sus cuatro hijas pequeñas durante las vacaciones de Navidad y de febrero. Su presencia me calmaba. Por la noche compartía habitación con la más pequeña, que se llamaba Diane, y me encantaba cuidarla. Sus padres se dieron cuenta, así que me propusieron llevarme con ellos. Vivían entre París, Hong Kong y Honolulú, según la estación del año. Mi padre se negó. Habló por teléfono con la mujer para la que trabajaba, que intentó tranquilizarlo, pero no quiso ni oír hablar del tema, era como si los abandonara. Esa negativa categórica me pareció violenta. Mi vida seguramente habría sido diferente si él hubiera aceptado. Mi reacción fue dejar de estudiar. Trabajaría para poder independizarme. Ya no soportaba los ataques de mi madrastra. Enseguida me exigió que, ya que empezaba a ganarme la vida, entregara en casa trescientos cincuenta francos al mes. Mi padre se opuso, pero yo presentía que no sabría protegernos.

Con el paso de los años he entendido que ella veía en mí a mi madre, el gran amor de mi padre, con el que jamás podría rivalizar, ese hermoso rostro que sin duda acechaba sus largos silencios. Él me hablaba de mi madre en cuanto nos quedábamos solos. Buscaba su presencia en la mía. Yo sentía dentro de mí a esa mujer dormida para siempre, se convertía tanto en mi fuerza como en mi dolor. Nada peor podría pasarme, nada podría dolerme más que haberla perdido, ya nada podría destruirme. Y quise ser feliz, no solo fuerte, no solo valiente, sino también feliz, hacer felices a los demás y seguir adelante, incansable y con alegría. Eso significaba velar por mi madre y cumplir lo que ella había soñado con toda sencillez. Significaba sonreír, como ella sonríe en las pocas fotos que me quedan de ella.

# 5

Pierre nos esperaba en la estación de Lyon. Caroline se sentó delante, y yo detrás con Maxime, mi nieto. «Terminarás los deberes con la abuela», dijo Pierre mirándonos por el retrovisor. Era su forma de conjurar la buena suerte y volver a la normalidad. ¿Qué le queda a una mujer de mi edad cuando ya no tiene a su marido, aparte de sus hijos y sus nietos? Pero yo no podía. No podía ser solo la abuela. Lo había sido, siempre lo seré, pero no podía calmarme en la vida cotidiana de mi familia. Lo sentí enseguida. En su casa no encontraba mi sitio. Hablaba poco.

Lo que acababa de ocurrir invadió la cena, por supuesto. ¿Cómo no darle vueltas? La conversación giró en torno a la información que nos había proporcionado la policía, aunque muchas otras cosas se cernían sobre nosotros, la avalancha de lo que aún no nos había mostrado, las fotos y los vídeos que había mencionado delante de mí, y seguramente delante de David, Caroline y Florian. Yo no tenía la intención de ver más. Sabía lo suficiente. Dominique ya no era más que un monstruo para sus hijos. Era muy doloroso escucharlos. Entendía la conmoción, el dolor y las terribles dudas que los acechaban, entendía que los cimientos de nuestra familia se tambaleaban, pero no quería que los destruyeran. Los habíamos querido y los habíamos mimado.

En el fondo, yo era como mi perro, Lancôme. Estaba perdido. No entendía lo que pasaba. Caroline le cogió manía de inmediato. No soportaba tenerlo en su casa. «¡Me recuerda demasiado al otro!», me soltó. Su padre ya no tenía nombre. «¡No lo quiero en mi casa!», insistió. Pero yo me aferraba a él. Era lo único que me quedaba de los últimos años. Le di una vuelta por el jardín y luego volví con él a la habitación de invitados de la casa de mi hija.

Necesitaba estar sola. Cerrar la puerta. Respiraba mejor. Avanzaba a mi ritmo. Recuperaba mis palabras, el hilo de mi historia, un relato antiguo, firmemente anclado en mí, ahora atacado por todas partes por la policía y por nuestros hijos, pero que me resultaba imposible borrar de un plumazo. Los últimos cincuenta años no habían sido solo una mentira. El día que nos conocimos en la cocina de Andrée, la timidez de Dominique, nuestra primera noche juntos en su casa sin amor y nuestras carcajadas incluso ante la adversidad no habían sido solo un engaño. Su dulzura tampoco. De jóvenes pasábamos horas hablando. Él no intentaba quedar por encima de nadie. Al hacerse mayor fue volviéndose más asertivo, y después, con el paso del tiempo, es cierto que empezó a levantar la voz cuando le llevaban la contraria, no le gustaba que no estuviéramos de acuerdo con él, pero a mí no me impresionaba, yo podía plantarle cara, y nuestros hijos también, que ya eran mayores. Nunca les puso la mano encima y solo fue violento conmigo una vez, cuando creyó que iba a abandonarlo. Sin duda yo no supe interpretar la evolución de su personalidad, sus arrebatos autoritarios, pero porque no le impedían reírse con nosotros y cantar en el coche, porque no eran órdenes. Yo no me habría quedado cincuenta años con un tirano. Aunque los últimos meses habían sido difíciles. De repente alzaba la voz. «Eres como tu padre», le decía. «Y tú te pareces al tuyo, al Guillot que se baja los pantalones», me contestó un día sabiendo el daño que me hacía. ¿Sentía que el cerco estaba cerrándose?

Yo tenía que repensar mi vida y buscar los momentos y las señales que no había sabido descifrar. ¿Y por qué mis dolores, mis olvidos y mis problemas de salud no habían bastado para detenerlo? ¿Por qué se lo había tomado a broma la mañana que lo llamé muy preocupada? Me daba la impresión de que estaba rompiendo aguas. Los problemas ginecológicos se sumaban a mis pérdidas de memoria. Se rio. «Pero ¿a qué te dedicas durante el día?». Un cuerpo de mujer que expulsaba flujo cuando ya no tenía edad para ello era sospechoso. Por lo tanto, la mujer era sospechosa. No me quedó más remedio que reírme con él, reírme con mi torturador. Más tarde le diría a la policía, y después a los jueces, que no me hacía daño porque estaba dormida. Pero cuando lo llamaba, cuando le decía que estaba agotada, que me salía un líquido extraño de la vagina, sentía dolor. Cuando me pellizcaba con fuerza la piel del dorso de la mano para evitar que mis olvidos me engulleran, para asegurarme de que no había perdido la sensibilidad, para calmarme y decirme: «Sí, sigues aquí, estás viva», tenía miedo y él lo sabía. «Estoy condenada, Mino», le decía, segura de que me moriría como mi madre. «No, no tienes nada», me tranquilizaba. Pasé diez años de médico en médico. Haciéndome pruebas.

Ecografías. Tratamientos para los óvulos. Pruebas neurológicas. Diez años delante de médicos que me miraban como diciendo que a mi edad una mujer ya no puede esperar gran cosa, que debería relajarme y dejar que el tiempo continuara con su demolición. Ni una pregunta en el aire, jamás. Ni un diagnóstico. Y Dominique, que lo sabía, a mi lado.

En realidad, mis problemas de salud empezaron cuando nos mudamos a Mazan. Es decir, cuando yo ya no trabajaba y pasábamos todo el día juntos. Pero ¿cómo iba a sospechar de él? Poco antes de jubilarnos habíamos dibujado un círculo en un mapa entre Valence y Marsella. Iríamos a vivir allí, al sol. Los dos habíamos empezado a trabajar tan jóvenes que teníamos tiempo por delante. Él había pensado en Ariège, pero me negué, porque estaba lejos de todo. Yo quería una ciudad cerca, el TGV para ir a París a ver a nuestros hijos y una piscina para que vinieran en las vacaciones. No quería perder el contacto con ellos. ¿Intentaba él aislarme? El esplendor de los paisajes de Vaucluse, al pie del Mont Ventoux, consiguió que nos pusiéramos de acuerdo. Llegamos el 1 de marzo de 2013. Teníamos sesenta años. ¿Lo tenía él ya todo planeado?

Por la investigación me enteraré de que sí.

Pero esa noche no podía desentrañarlo, ni las siguientes. Un inmenso desorden reinaba en mi cabeza, una auténtica cacofonía que extrañamente me llevaba de vuelta a nuestros primeros tiempos, como una ola que te lanza a la arena; tenía que protegerlos, aislar nuestro pasado del presente y preservar a toda costa la chispa de cuando nos habíamos conocido. No podía haberme equivocado, ese hombre iba a amarme, lo había pensado con tanta fuerza que había oído esa promesa, todavía noto la sensación que me invadió al conocerlo; hoy me quema, me hace daño, pero nadie me la quitará. Él me ofrecía el cariño y la confianza que tanto había echado en falta. Me miraba como no lo hacía nadie, con intensidad y ruborizándose. Ya no era la chica fea y gorda a la que mi madrastra denigraba. No me ahogaría en los ojos tristes de mi padre. De repente ya no temía las miradas ni a los demás. La felicidad me había encontrado por fin, nos había encontrado, e inmediatamente después de nuestra boda en Azay-le-Ferron, Dominique vino conmigo a París.

Mi padre le había conseguido trabajo como electricista. Yo había encontrado un piso en alquiler en la urbanización Les Ombrages, en Brunoy, en el departamento de Essonne. Un piso de una habitación en la planta baja de un edificio nuevo de tres plantas en medio de un parque. Quería que Dominique estuviera rodeado de naturaleza porque había crecido entre campos y árboles. Al principio no teníamos nada, solo un colchón sin somier encima de cartones para aislarlo del frío del suelo. Un hornillo de gas para prepararnos la comida. Dominique había hecho un armario. Nuestra escasez era el símbolo de nuestra libertad. El precio de nuestra huida. Nos reíamos a todas horas. Yo llevaba botas blancas por encima de la rodilla con falda corta, como estaba de moda. Me llegaba el eco de nuestra época, la lucha por la píldora, el aborto, lo entendía, pero no era mi tema; mi victoria era crear una vida familiar de la que había estado privada, de la que todos mis seres queridos habían estado privados.

David nació un año después. Le puse el nombre del pintor que le había devuelto su madre al emperador. Dejé de trabajar porque no quería dejar a mi hijo con nadie. Dominique ya era jefe de obra en Trindel. Un subsidio de vivienda nos ayudaba a llegar a final de mes. Éramos felices. Salíamos adelante. Pero cuando llamaban a Dominique para una reparación nocturna, yo dejaba la luz de la habitación encendida y ponía la radio. Escuchaba a Gonzague Saint Bris en Europe 1. Me gustaba especialmente la *Gnossienne n.º 1* de Erik Satie, que abría el programa, *Ligne ouverte*, a medianoche. Él atendía a oyentes que llamaban para contarle sus penas. Yo podría haberle contado la mía. Estaba esperando a que Dominique regresara. Me daba miedo quedarme dormida.

Todo volvía a mí esa noche en casa de Caroline. Ya no sé en qué orden me llegaban los recuerdos, seguramente todos a la vez. Lejanos y cercanos. ¿Cómo había podido destrozarlo todo, arrojarme a los lobos y sacrificarme? ¿Cómo había podido convertirme en esa mujer inerte, casi muerta? Sola, en la oscuridad, dirigía mis preguntas unas veces a él y otras a nuestros hijos. Ellos, que a veces nos decían: «Vuestra infancia es Zola», no podían entender nuestro fuerte vínculo, lo mucho que habíamos luchado y la mala corriente que habría podido arrastrarnos.

En mi cabeza empezaba una batalla entre la oscuridad y la luz. Yo había convertido la chispa de nuestro encuentro en una llama. ¿Tenía que soplar y apagarla para siempre, como parecían exigir David y Caroline? Eso significaba abrir los ojos y encontrarme desesperadamente sola en la oscuridad de la noche, en una habitación que no era la mía, con la respiración jadeante de mi bulldog como única compañía. No podía. La vida no puede volver a vivirse. Si lo borro todo, estoy muerta, y desde hace mucho tiempo.

# 6

A la mañana siguiente tenía muchas cosas que hacer. Primero, un análisis de sangre. Ver si tenía VIH. Sífilis. Herpes. Todas las porquerías que deja el sexo con desconocidos. Lo hice con calma. Sin entrar en pánico. Mi cuerpo no recordaba nada, era mío y no del todo mío, no recordamos el bisturí en la carne al salir del quirófano. Después tuve que pedir cita con una psicóloga de Versalles que había encontrado Pierre. Ella entendió que era urgente y me dio hora para el día siguiente.

Mientras tanto, Caroline había llamado a Florian para que viniera a buscar al perro. Él le contestó que si se lo llevaba, se me llevaría también a mí, porque no debíamos separarnos. Pero mi hija estaba decidida a tomar las riendas. Estaba revisando los papeles que habíamos cogido a toda prisa. Nuestras deudas la dejaron atónita. Pasaba las hojas muy nerviosa: préstamos, intereses altísimos, penalizaciones. Yo intentaba relativizarlo. Siempre habíamos tenido problemas de dinero, formaban parte de nuestra historia. Ella lo sabía, porque de vez en cuando su padre la llamaba para pedirle que le prestara pequeñas cantidades que le permitían no superar el descubierto máximo y que le devolvía después. Pero la cruda luz del momento lo cambiaba todo, escudriñaba nuestra vida como una bomba de relojería, incluso probablemente despertaba recuerdos dolorosos, miedos enterrados que los niños se tragan para no complicar más las cosas. Caroline tendría once o doce años cuando vio llegar a agentes judiciales y a transportistas que se lo llevaron todo menos su cama y las de sus hermanos sin que su padre interviniera. En ese momento él se encontraba en casa, porque estaba en paro, y yo en el trabajo. Recuerdo la mirada aterrorizada de mi hija cuando volví. Se había tomado el episodio muy a pecho. Intenté tranquilizarla. «No es grave, solo son muebles, ya compraremos otros», le dije. Hice lo de siempre, lo que hacen quienes ya lo han perdido todo, no derrumbarse y aguantar mientras todo se tambalea bajo sus pies. Sin duda eso significaba dejarla demasiado sola e indefensa entre la impotencia de su padre y la aparente indiferencia de su madre.

Todo aquello estaba esperando la ocasión para resurgir. Repetíamos exactamente la misma escena, con décadas de diferencia, pero esta vez como adultas: ella entraba en pánico y yo calmaba las cosas. Siempre habíamos hecho malabarismos. En 1999 incluso nos habíamos divorciado, sin separarnos, para evitar que me embargaran el sueldo para pagar las deudas de Dominique. Volvimos a casarnos en 2007. Quizá David, Caroline y Florian habían llegado a la conclusión de que nuestra economía se había saneado y que sus padres eran una pareja milagrosa e inseparable como ninguna otra.

Es muy posible que la casa de Mazan acabara de convencerlos. Se había convertido en el escenario de sus vacaciones y las de sus hijos. Abrir la puerta de cristal del salón, verlos correr hacia los columpios y las hamacas del jardín, que mecía la brisa, después saltar a la piscina, que destapábamos cada verano, verlos crecer, aprender a nadar, coger confianza y luego, al anochecer, recoger el bonito desorden húmedo que habían dejado, las patatas fritas, el tobogán y la manguera enredada, siempre me había hecho sentirme muy tranquila y realizada. Estaba por encima de nuestras posibilidades, por supuesto, era demasiado idílica para nuestros humildes orígenes y la caótica trayectoria profesional de Dominique. Obviamente, la casa no era en propiedad. Pero nada me preocupaba mientras pudiera pagar los mil doscientos euros del alquiler. Vivíamos de mi pensión. Dominique pagaba sus deudas. «Me da la impresión de que estáis apretándoos el cinturón, porque ya no viajáis», nos dijo un día David, preocupado. Le contestamos que nos bastaba con estar en el sur.

Caroline se enfureció. Gritó que le embargarían la casa y sus bienes porque su padre estaba en la cárcel y era insolvente. Yo intenté hacer que entrara en razón y explicarle que nadie iría a por ella. Le dije que pediría otro préstamo a mi nombre, que no se preocupara, pero mis palabras solo sirvieron para empeorar las cosas. O yo estaba ciega y era una irresponsable, o era culpable. Culpable quizá lo fuera, pero de haberles prometido muchas cosas, una comodidad y una seguridad que nunca habíamos tenido. En vista de la situación, era efectivamente una mentira. Esa noche todo cambió. Caroline descubrió que nuestra sórdida historia se había filtrado a la prensa. Fueron solo unas líneas generales en un periódico del sur del país. Se derrumbó. Me quedé sin palabras, sin aliento, ya no sabía quién era, y mi único instinto fue aislarme con Maxime. Caroline llamó a Florian, que intentó calmarla, en vano. Pierre, su marido, tampoco lo consiguió. Yo estaba tan preocupada que le suplicaba que llamara a urgencias para que vinieran a administrarle un calmante. Esta vez decidieron que lo mejor era llevarla al hospital.

Caroline durmió en la unidad de psiquiatría. Yo, en su casa, en la habitación del final del pasillo. Ella estaba aterrorizada y yo también. ¿Se permitía ella los gritos que yo nunca pegué, el desmoronamiento que yo no podía permitirme?

Podemos hacernos estas preguntas sin encontrar respuestas, pero esa noche, como las demás, me limité a aguantar y busqué en vano el sueño negándome a tomar pastillas para dormir. Nunca más. Me hundía de nuevo en mis recuerdos y volvía a hablar con unos y con otros con palabras que al día siguiente somos incapaces de articular. Me indignaba conmigo misma. Me defendía. No quería que mi hija dijera que habíamos hecho las cosas de cualquier manera. Yo era muy cuidadosa. Las zapatillas de deporte blancas que había hecho durar lo máximo posible, hasta que las suelas se desgastaron por completo. Y la cantidad de dinero que no debía sobrepasar en el supermercado cada semana, aunque eso significara volver a dejar productos en las estanterías. Y el depósito de gasolina del coche, que nunca llenábamos, poníamos la gasolina justa para unos días. Solo lo llenábamos cuando nuestros hijos venían de vacaciones a Mazan. Íbamos a la gasolinera el día antes de que llegaran y le pedíamos al encargado que no nos pasara el cobro hasta el mes siguiente. No queríamos que se sintieran limitados ni privados de nada durante sus vacaciones con nosotros. Siempre habíamos hecho lo mismo, malabarismos con descubiertos y créditos al consumo para financiar sus estudios, sus bodas y sus viajes.

Así que, en mi noche en vela, volvía a aferrarme a los gestos, a los objetos y a las pequeñas cosas que nos llenan o que nos dan la falsa sensación de llenarnos. Era muy difícil abarcarlo todo. Pero me justificaba. Y de repente me culpaba. Me culpaba por no haber visto nada, por no habernos protegido mejor. Una vez, en Mazan, estuve muy cerca de la verdad. Vi unas extrañas manchas decoloradas en un pantalón amarillo que acababa de comprarme en rebajas; eran indelebles, como salpicaduras de lejía, inexplicables. Intenté entenderlo, repasar mis movimientos del día anterior, ¿qué había hecho?, ¿qué había manipulado? Una inmensa niebla cubría por completo ese día, no recordaba nada, a qué hora me había levantado, cómo iba vestida, qué había comido, si había salido de casa, absolutamente nada, así que le dije en broma a Dominique, que estaba haciendo bricolaje: «Oye, Doumé, ¿no me estarás drogando?». Se echó a llorar. «¿Cómo puedes decirme algo así?». Al instante, el sentimiento de culpa se apoderó de mí. Le había hecho daño. Le pedí perdón. Hoy me doy cuenta de que fue la primera vez que fui consciente de mis pérdidas de memoria. No fue la primera vez que perdí la memoria, porque el episodio sucedió en septiembre de 2013, pero sí la primera vez que me di cuenta. Y también me digo que quizá, en el fondo, muy en el fondo, no confiaba del todo en él, porque lo había acusado. Pero fue en tono de broma, una broma pesada que descarté de inmediato. Entonces ¿por qué se había echado a llorar? ¿Para recordarme el pacto contra el dolor que había sellado nuestro encuentro? Él me confundía. Sus lágrimas deberían haberme alertado. Y así repasaba mi vida una y otra vez. No era más que una espiral, uno de esos tornados que arrastran todo a su paso. Pero me aferraba a lo que había amado. No me hundiría.

—No se quede en casa de su hija —me dijo la psicóloga al día siguiente, cuando le conté cómo estaba Caroline y sus reproches—. ¿No tiene adónde ir?

—A casa de mi hijo.

Florian vino a buscarme. Cogí mis maletas y a mi perro, y me mudé a su casa. Estaba agotada. Ya no controlaba nada. Dejaba que las cosas sucedieran. La maquinaria judicial se había puesto en marcha y decidía por mí.

Ahora tenía una abogada que mi yerno me había recomendado dos días después de que les hubiera contado lo sucedido. Había hablado con ella por teléfono una noche en Mazan, y nos vimos por primera vez el día de mi cumpleaños, el 7 de diciembre. Creo que la sorprendí. Imaginaba que yo sería una mujer destruida o una guerrera. No era ninguna de las dos cosas. Ella también me desconcertó a mí. Esa mujer rubia con una reputación consolidada llevaba el pañuelo Hermès de la burguesía parisina, pero sin sus actitudes. Se dirigió a mí de entrada en un tono amistoso. Para mí, que había caído en un mundo que no era el mío, resultaba tranquilizador e inquietante a la vez. «Queridas mías», nos decía a Caroline y a mí. Habló de preparar el divorcio. Le dije que sí, pero, como en el caso de la denuncia, no lo había pensado.

El 14 de diciembre me presenté con ella por primera vez ante la jueza de instrucción del juzgado de Aviñón. Como llegamos temprano, nos metimos en un pequeño despacho para preparar el encuentro. Nuestra abogada sacó algunas fotos del expediente. Quería que yo las viera, porque la jueza iba a mostrármelas. En la comisaría solo había visto tres. Ella me enseñó varias. También en mi dormitorio. También yo, inerte, siendo violada. Solo cambiaba la fecha y el nombre del delincuente. La detuve. No quería ver más. Entonces sacó las dos fotos de Caroline. Yo no las había visto. Están hechas en la oscuridad. Se me encogió el corazón. No se reconoce a Caroline de inmediato. Su rostro está oscuro. Se la ve tumbada, de lado. En una lleva una sudadera, y en la otra una camiseta de tirantes y unas bragas beis. Tiene los brazos juntos, como cuando se duerme en posición fetal. Caroline parece dormida. Las fotos son abyectas y muestran la insoportable mirada incestuosa que su padre había posado sobre ella. Las miré con atención. Intentaba reconocer la habitación. Descubrir en qué momento de los últimos diez años las había hecho. Por más que pensara, no recordaba que hubieran estado alguna vez solos bajo el mismo techo. ¿Dónde estábamos? ¿Dónde estaba yo? La foto era tan oscura que no podía responder enseguida. Levanté los ojos. En el fondo, con las mías podría arreglármelas. Alejaba el peor escenario posible, al que mi hija se dirigía. «Queridas mías», seguía diciéndonos la abogada.

Nos pidieron que fuéramos al despacho de la jueza, Gwenola Journot. Era joven, tanto que creí que era la secretaria judicial. Pero la secretaria se unió a nosotras, y era aún más joven. Al imaginarlas mirando las fotos y los vídeos que yo me negaba a ver, sentí vergüenza. Habría podido ser su madre y me entró el pudor de ser una mujer mayor. Nunca había temido envejecer, pero de repente me vi atrapada por su mirada. Habría querido que no vieran esos horrores, habría querido protegerlas de ellos, como me protegía a mí misma.

La jueza me preguntó si tenía algo que añadir a lo que ya le había contado a la policía. Le hablé del puzle que se montaba y se desmontaba en mi cabeza día y noche, de los miles de piezas que intentaba ensamblar en vano. Obviamente, no le hablé de los buenos recuerdos que me asaltaban, esos no le interesaban, esos me los guardaba para mí, como una manta con la que nos tapamos cuando tenemos frío, esos ni siquiera mis hijos querían oírlos. Le hablé de momentos que habían sido señales que yo no había visto, de mi extraña broma cuando descubrí las manchas en mi pantalón amarillo y del aperitivo que me sirvió, que se apresuró a tirar por el fregadero cuando le comenté que tenía un sabor raro. Lo mismo sucedió con una cerveza que de repente se puso verde. Cada vez tenía que localizar el episodio y fecharlo para entender cuándo había empezado todo. El aperitivo... fue en Villiers-sur-Marne, sí. Lo que significaba que había empezado a envenenarme en 2011.

De todas formas, la jueza sabía más que yo. En su expediente, las fotos y los vídeos estaban fechados, clasificados y numerados. Yo solo tenía el vago recuerdo de mis pérdidas de memoria, de mis hijos y mis amigos, que me preguntaban preocupados: «¿No recuerdas que hablamos?». Y así me enteré de que me drogó el 3 de octubre de 2020, es decir, poco después de que lo hubieran detenido filmando a chicas por debajo de la falda en Leclerc, después de su confesión, sus lágrimas, sus promesas y su dolor ante la idea de perderme. Y también el 10, y el 21 de octubre, la noche que volví de París, adonde había ido a cuidar de los hijos de David. Recordaba muy bien ese día. Él vino a buscarme a la estación de tren, llegamos a casa a las cuatro de la tarde y me sorprendió encontrar la cena lista en el horno. Tenía preparado un puré de patatas, en dos platos, porque a él le gusta con mantequilla y a mí, con aceite de oliva y perejil. En el mío había echado lorazepam y zolpidem. Cenamos temprano. Lo que pasó después se me escapa. En el despacho de la jueza me di cuenta de que durante ese mes de octubre las violaciones fueron más frecuentes. Sin duda sabía que eran las últimas, que los policías que le habían confiscado el teléfono y el ordenador habían encontrado sus vídeos. Sabía que en cuanto cruzara la puerta de la comisaría, el 2 de noviembre, no saldría en libertad. Yo era el juguete de sus salvajes fantasías por última vez.

«¿Cómo era su vida sexual con Dominique Pelicot?», me preguntó la jueza.

Era una pregunta a la que en ese momento me costaba responder. Creía que teníamos una vida sexual normal, incluso mucho mejor que la de la mayoría de las personas de nuestra edad, porque todavía hacíamos el amor cinco o seis veces al mes. Era más bien a petición suya. Siempre había tenido más apetito sexual que yo, pero pensaba que era lo normal entre hombres y mujeres.

Él había cambiado mucho en cincuenta años. Ahora me doy cuenta de que las primeras señales llegaron con mis embarazos. El primero siempre es una aventura emocionante e intimidante, y él estuvo a mi lado, atento y loco de contento por el nacimiento de David, que salió de mi vientre en pocos minutos. Durante el segundo seguía feliz, quería tener hijos, pero un día me dijo que las mujeres embarazadas no estaban guapas. No sé si le contesté, pero si todavía lo recuerdo es porque sentí la quemadura, o más bien la frialdad, de una mirada masculina a la que solo le preocupa su deseo. Y mi cuerpo iba a hincharse y a volverse aún más animal. El parto de Caroline se alargó tanto que Dominique tuvo que marcharse a trabajar. En esos momentos no existía la epidural, así que aguanté sola las contracciones, que me desgarraban la pelvis, estaba exhausta, murmuraba que iba a morirme, y después llegó ella, una niñita maravillosa, y todos mis temores se desvanecieron.

Me encantaba dar de mamar a mis bebés, seguir unida a ellos, absorbida por ellos, me encantaba su olor, su suavidad, cubrirlos de besos, me encantaba ser madre. Estaba conmovida y con el cuerpo dolorido después del parto. Solo tenía energía para mi hija y su hermano mayor.

Dominique se volvía cada vez más insistente, como si al verme tan centrada en la maternidad quisiera recuperarme. Se impacientaba y tenía prisa por reanudar nuestra vida sexual. La madre le arrebataba a la mujer. Cuando poco a poco recuperé las fuerzas y el deseo, me sugirió algo nuevo: la felación. A mis veintisiete años, no tenía ni idea de lo que era. Había crecido en un cuerpo que no me gustaba, atacada constantemente por mi madrastra y sin que nadie me hablara de sexualidad, por supuesto. Como tantas chicas de mi generación, estaba convencida de que el amor y la familia me salvarían. En aquel entonces no lo expresaba así. En nuestra mente se insinúan creencias muy antiguas que gobiernan a los vivos. En mi caso estaba quizá aún más arraigado, no buscaba una vida decente, sino el más potente de los consuelos. Me había casado con mi primer amante, que todavía era torpe y tímido. Ahora me pedía felaciones. Se las hice. ¿Para proporcionarle placer? Sí, pero no sentía que estuviera cumpliendo órdenes. Formaba parte de una relación que evoluciona, que no se apaga, le proporcionaba placer porque nos encantaba reírnos, bailar, viajar y vivir juntos. Después me pidió otra cosa. «Hay una parte de ti que no tengo», me dijo. Hablaba de sodomía. «Jamás», le respondí. No insistió. Así que podía negarme. En nuestra casa no mandaba él. También le dije que tirara sus juguetes sexuales a la basura.

No lo hizo, porque la policía los encontró y la jueza me habló de ellos. Aunque me había sorprendido su juventud, el hecho de que fuera mujer me tranquilizaba. Es posible que, como todo el mundo, pensara que yo no me encontraba lo bastante afectada, que no le guardaba el suficiente rencor y que no estaba lo bastante furiosa. Quizá al escucharme le parecía ingenua. Le repetí que creía que era feliz a pesar de nuestros problemas.

«Estaba contenta con mi pequeña vida».

Lo expresé así. En mi pequeña vida había altibajos, hombres que pensaban en el sexo más que las mujeres, era una ley de la naturaleza desde la noche de los tiempos. Cuando mi nuera Aurore, la pareja de Florian, sorprendió a Dominique masturbándose en su despacho, le confesó a Florian la vergüenza que había pasado y él me lo contó. De inmediato lo comenté con Dominique, que me contestó: «Todos los hombres lo hacen». No supe qué decirle. Seguramente me habría estremecido de horror si hubiera sabido lo que él veía mientras lo hacía, pero en ese momento no lo sabíamos, y yo solo utilizaba el ordenador para hacer cuentas, no sentía ninguna curiosidad por internet ni por las redes sociales y no era consciente de en qué medida habían cambiado las relaciones humanas. En mi pequeña vida, siempre había creído que un hombre peligroso era necesariamente brutal, que amenazaba y pegaba a su mujer. Dominique no era así.

Es cierto que los últimos meses, quizá incluso años, nuestra sexualidad no era tan tierna y prefería colocarse detrás de mí, sin mirarme a los ojos. ¿Remordimientos? ¿Estaba avergonzado? ¿En qué pensaba cuando me miraba? ¿En nosotros? ¿En sus fantasías? Me había sugerido que me depilara todo el cuerpo, pero también me había negado.

—¿Qué siente ahora si piensa en Dominique Pelicot? —me preguntó la jueza.

—Me da asco, me siento sucia, mancillada y traicionada.

Esta es la respuesta que consta en el acta. Faltan mis tartamudeos y mis dudas. La justicia debe avanzar. A veces digo «mi marido», me corrijo enseguida y digo «el otro», como Caroline. O «ese señor», como se llama a un desconocido. Una vez se ha anotado que lloro. Es cuando le digo a la jueza que lo he perdido todo. Lo que hace que se me salten las lágrimas es el vacío, el hundimiento, la llegada a la estación de Lyon, no lo que me han hecho. Eso no lo recuerdo. La jueza me propuso ver unos vídeos. Me negué rotundamente. En las últimas semanas pasaba muchísimo tiempo en la ducha, necesitaba lavarme y frotarme porque me sentía sucia por todos esos hombres violando a una muerta. Era la impresión que me dejaban las pocas fotos que había visto. El sueño mezclado con la muerte.

Unos días después me presenté en la unidad médico-judicial de Versalles. Mi cuerpo era una prueba. La médica forense Anne Martinat Sainte-Beuve me explicó que el análisis de mi pelo mostraba rastros de medicamentos a pesar de que me lo teñía a menudo. Era la prueba de una intoxicación con altas dosis. Me hizo muchas preguntas sobre mis pérdidas de memoria, su frecuencia y su intensidad. Le contesté con calma. Estaba tranquila. Ya no las sufría. Por lo tanto, era reversible, lo que evidenciaba que, lejos de él, yo estaba bien.

Lo sabía, pero no había sabido interpretarlo. Dominique se había ocupado de hacerlo antes que yo, me repetía que me entregaba tanto a los niños que mi cuerpo cansado se descomprimía cuando volvía a casa. Su hermano Joël, que era médico, por cierto, decía lo mismo. «El cerebro sabe lo que hace. Es como cuando la aspiradora se desconecta porque la bolsa está llena», me dijo cuando le conté mis pérdidas de memoria. Pasemos por alto el hecho de que comparara el cerebro de una mujer con una bolsa de aspiradora; conocía a la familia de Dominique desde hacía demasiado tiempo para ofenderme. Además, su vulgaridad no hacía más que subrayar la dulzura de Dominique, la que siempre había tenido conmigo, que lo diferenciaba de los hombres de su familia. Seguía creyendo en ella cuando me acompañaba al médico y pedía citas para tranquilizarme. No vi que controlaba mis emociones y que respondía a mis preguntas incluso antes de que me las hubiera planteado. Que procuraba que yo comentara mi situación lo menos posible con mi hija y mis hijos. «Vas a preocuparlos», me decía. ¿Cómo pude ver dulzura donde solo había manipulación?

No entré en la consulta de ginecología hasta las nueve de la noche. Era tarde tanto para la doctora como para mí. Le costaba asegurar los estribos del sillón de reconocimiento. Cuando por fin lo consiguió, deslicé los pies descalzos, como toda mujer ha hecho al menos una vez en su vida. Nuestros pies sobre el frío metal, nuestras nalgas desnudas en el borde del sillón, las piernas abiertas para que nos vean por dentro, para que vean lo que nunca vemos de nosotras mismas. Lo había hecho muchas veces en los últimos años, a una edad a la que ya no vamos tanto al ginecólogo. Ya no tomamos anticonceptivos, ya no nos quedamos embarazadas, ya no nos desean tantos hombres, y también nosotras deseamos menos. Solo tenemos que controlar los dolores de un cuerpo que se reseca y el riesgo de cáncer.

El primer espéculo me hizo daño. Buscó uno más pequeño. No vio ningún desgarro. Dominique añadía un potente relajante a las pastillas para dormir, así que mi cuerpo se distendía, se dilataba, lo que explicaba que no me doliera nada al día siguiente. La doctora me lo preguntó, como tantas mujeres se lo preguntarían después al escuchar mi historia, pero en ese momento solo lo sabíamos mis hijos y yo.

Los médicos que me habían atendido nunca me habían tomado muestras, como estaba haciendo ella, ni se les había ocurrido buscar enfermedades de transmisión sexual. Me habían tratado una inflamación del cuello uterino y me habían prohibido la actividad sexual. Ahora, los análisis mostraron la presencia de gran cantidad de bacterias y un virus del papiloma que había que controlar, porque puede degenerar en cáncer. Me recetaron antibióticos potentes. Por lo demás, no tenía Alzheimer. No tenía un tumor en el cerebro como mi madre. La vida me enviaba un mensaje contradictorio: todo se había hundido, pero yo estaba bien.

Teníamos que vaciar la casa de Mazan. Florian se llevaría el sofá de cuero, la bici y la moto. Era más fácil empezar dándole cosas, porque estaba mudándose. Alquiló una furgoneta y fuimos los dos a finales de diciembre. En la casa todo estaba como lo habíamos dejado hacía un mes. Recorrí las habitaciones reuniendo todas mis fuerzas, buscándolas en lo más profundo de mí.

Tras la muerte de mi madre cubrieron todos los muebles de nuestra casa con sábanas blancas. Aquí, lo que no nos lleváramos lo venderíamos por internet. Hicimos fotos. Puse precios muy bajos para venderlo todo rápido. Había avisado de que dejaría la casa a mediados de febrero. Sylvie se encargaría de abrir la puerta a los posibles compradores de mis cosas. Ochenta euros por la nevera americana. Cuarenta euros por la placa de inducción. Ochenta euros por la cama, sí, la cama nueva del señor y la señora Pelicot, la cama de los horrores. ¿Había muerto yo allí?

Después cogí varias cosas para Dominique. Lo único que le habían llevado era la pequeña bolsa que la policía me había pedido que le preparara a toda prisa cuando decretaron su prisión preventiva. Ahora estaba en la cárcel de Le Pontet, en Aviñón. Se acercaba el invierno. Temía que pasara frío. Quería ir a verlo, quería hacerle todas las preguntas que me atormentaban día y noche, contarle la sensación de fracaso que me perseguía y que seguramente era el único que podía entender. Pero la ley no me lo permitía. Reuní lo que pensé que necesitaba: una toalla, un pijama, un par de zapatos, calcetines, calzoncillos y un jersey. No encontré sus lentillas. Lo metí todo en una bolsa de basura, porque sabía que no podía tener una maleta, y fui con Florian a llevársela. El vigilante nos dijo que la bolsa no cumplía la normativa y nos indicó una tienda del barrio, donde pude comprar una bolsa de tela. El estampado estaba lleno de escudos y se cerraba con una gran cremallera.

Dejamos las cosas de Dominique en la recepción de la cárcel y nos quedamos allí plantados un buen rato, frente al edificio gris, mirando hacia arriba y pensando que él estaba detrás de una de esas ventanas, que quizá nos veía. Todavía nos sentíamos muy unidos a él. Al menos yo.

# 7

Al principio, vivir juntos fue como escapar de la tragedia, dejarla atrás, con los castillos y los bosques de Indre, y con las lágrimas de Juliette, la madre de Dominique, que brotaban cada vez que íbamos a verla. Ella le daba vueltas al pasado, un largo camino bajo el apellido Pelicot, que yo misma acababa de adoptar. Siempre la vi como una presa, una esposa anulada y aterrorizada por su marido. Yo ni siquiera conseguía vislumbrar el menor resto de sentimientos, de sueños enterrados, en esa mujer de apenas un metro sesenta que, aunque se teñía el pelo, no lograba atenuar el deterioro y la renuncia de su rostro. Me sentía a siglos de distancia de ella.

Juliette se había casado primero con André Pelicot, el mayor de los hermanos. Él la abandonó de repente, de la noche a la mañana, dejándola sola y desamparada con sus dos hijos pequeños. Entonces Denis, el hermano menor de André, le echó el ojo a su cuñada. Él solo tenía diecisiete años. Ella era diez años mayor. Se quedó embarazada tan rápido que todavía no se había formalizado el divorcio, así que Joël, el primer hijo de Denis, se convirtió en hijo de André en el libro de familia. Era la ley, una esposa solo podía quedarse embarazada de su marido. Era también como un presagio que anunciaba los malos tratos a su hermano. Dominique nació cuatro años después, en su caso reconocido oficialmente como hijo de Denis y Juliette Pelicot.

Cuando me uní a la familia, Juliette todavía limpiaba casas después de haber trabajado en Kodak y haber ido puerta por puerta vendiendo cosméticos estadounidenses de la marca Avon. Él hacía reparaciones a domicilio para la empresa de electrodomésticos Arthur Martin. Tenía poco trabajo. Algunos días veíamos su vehículo aparcado en los alrededores y distinguíamos su silueta dentro, leyendo un libro de la biblioteca. Solía volver temprano. Su alta estatura, su bigote y su voz grave helaban la casa al instante. Allí tenía el poder absoluto. Fuera, iba de trabajo en trabajo, sin asentarse ni encontrar su sitio, y sin que nadie supiera si era él quien se marchaba o si sus jefes lo despedían.

Al principio estuvo empleado en un hotel restaurante llamado La Croix Blanche de Mamers, en el departamento de Sarthe, pero el negocio no iba bien, así que Denis Pelicot se llevó a su mujer y a los niños a Indre y se instalaron en los terrenos del castillo de Oublaise. Otro castillo, un gran castillo blanco con torres, que después de la guerra pasó a ser un centro de descanso para veteranos del ejército, un refugio para inválidos en medio del bosque. Soldados con heridas graves y antiguos legionarios de los conflictos coloniales se unieron a los de la Segunda Guerra Mundial. Con el tiempo, la paz y la prosperidad, el concepto de invalidez se amplió. Además de soldados lesionados, ahora había expresidiarios, personas con discapacidad mental y personas sin dinero o que bebían demasiado.

Todos encontraban allí comida y techo. El castillo de Oublaise se convirtió en un refugio para los que no conseguían integrarse en una sociedad en pleno cambio. Eran muchos, la finca crecía tanto que en la radio hablaban de ella, y el padre de Dominique descubrió el lugar escuchando a Pierre Bellemare. Se enteró de que allí había trabajo. Seguramente pensó en un territorio con personas frágiles sobre las que podría reinar. Se presentó y se convirtió en el encargado.

La familia se instaló en una casita independiente dentro de la finca. Dominique tenía siete años. A menudo estaba solo. Los mayores, Geneviève y André, se habían marchado. Pronto a Joël lo internaron en el instituto Giraudoux de Châteauroux, y solo volvía a casa los fines de semana. Dominique vivía atrapado entre su padre y su madre, rodeado del ir y venir de hombres a veces lisiados, a veces inquietantes. Tenía que pedalear mucho rato por el campo para llegar a la escuela del pueblo más cercano, donde era un niño de Oublaise, un apestado al que pusieron en cuarentena tras el robo de un caramelo que en realidad había cometido el hijo del farmacéutico. De vuelta en la finca, jugaba durante horas con su balón y con amigos imaginarios. Era su vía de escape; el fútbol sería su pasión para siempre. En Mazan teníamos una foto suya a los nueve años con camiseta negra, pantalón corto y botas de fútbol. Seguramente la destruyeron mis hijos en un ataque de rabia, pero algo de él se formó allí, en la linde del bosque, junto a una humanidad perdida. Aún recordaba sensaciones de su niñez, de las que me hablaba a menudo. El recuerdo de una noche en la que se perdió en el bosque, que había que cruzar para ir a buscar la leche, el miedo de una tarde de tormenta en la que sus padres no estaban en casa y se refugió en la habitación de uno de los residentes del castillo, con el que le habían advertido que tuviera cuidado. El hombre le dio chocolate y al volver a casa le echaron una bronca. Denis Pelicot castigaba según reglas y estados de ánimo que solo él conocía. Recurría al castigo corporal. De todos los peligros, el más amenazante seguía siendo su padre.

«Déjalo», le había dicho Dominique a su madre.

La primera vez, él tenía catorce años y había empezado a trabajar. Se lo repitió: «¡Déjalo!». Pero ella nunca lo haría. Ni siquiera lo pensó. Tenía diez años más que su marido, quien ya se lo hacía pagar. Juliette estaba sumida en la desgracia.

«Ella lo amaba, estaba muy enamorada de Denis, lo habría aceptado todo», me aseguró hace poco Geneviève, la medio hermana de Dominique, por teléfono mientras recordábamos esta historia. ¿Cómo no aceptarlo? Ella también sabe lo que fue crecer en la aterradora casa de Denis Pelicot. Nunca detalló lo que ocurrió allí, pero en el juicio dijo, como siempre me había dicho a mí: «Él deseaba a la hija», es decir, a ella, que se había escapado muy joven para casarse cuanto antes. ¿Cómo no preguntarse si el curso de los acontecimientos habría sido diferente si Juliette lo hubiera dejado, si hubiera levantado la cabeza y se hubiera liberado de su control?

Denis Pelicot volvió a pasar página. Lo habían contratado como técnico en Debiard, una empresa de electrodomésticos. La familia se mudó al número 90 de la carretera de Tours, en Châtillon-sur-Indre, una vivienda social en un edificio de tres plantas. Para llegar a fin de mes acogieron a Nicole, una niña de los servicios sociales con un ligero retraso mental. Tenía cinco años. Seguramente no esperaba nada de su nueva familia de acogida, porque las anteriores le pegaban. Se aferraba a una muñeca que no soltaba por nada del mundo, una amiga imaginaria que la protegía.

Estas son las personas a las que conocí unos años después. Al mes de habernos visto por primera vez en casa de mi tía, en julio de 1971, me reuní con Dominique, que había ido de camping a la isla de Oléron con sus padres, su medio hermano y su mujer, y Nicole, todavía aferrada a su muñeca. A nuestros diecinueve años, aún éramos menores de edad. No dormíamos en la misma tienda de campaña, pero por la noche nos gustaba extender una manta en la playa y contemplar las luces de la costa. El verano siguiente volví con ellos. Incluso llevé a mi hermano, Michel. Denis Pelicot se puso furioso al ver que esta vez colocaba mi colchón junto al de Dominique en la tienda canadiense. «¡Duermen juntos!», gritó. Quiso impedirlo, pero no cedimos. La que lo pagó fue Juliette. No le dirigió la palabra, salvo para exigirle sus servicios. Unos años antes, estando también de camping en verano, al parecer Dominique había sorprendido a sus padres en la tienda de campaña; su madre estaba de rodillas, con las manos atadas a la espalda, y su marido la obligaba a hacerle una felación. Nunca me lo contó. Me enteré en el juicio.

Cada vez que pasaba tiempo en casa de los Pelicot, entendía un poco más de dónde venía el hombre al que amaba, de qué huía y por qué se quedaba hasta tarde en casa de mi tía Andrée. Dominique decidió venirse conmigo a París. Escribió su decisión en un trozo de papel que dejó en el estuche de afeitar de su padre. No se atrevía a decírselo. Su marcha era sinónimo de huida. También significaba un sueldo menos, porque aún se lo entregaba a sus padres. Tenía una cuenta bancaria en el Crédit Agricole, pero era yo la que ingresaba un poco de dinero cada mes para nuestros proyectos futuros. Y dada la edad de Dominique, era su padre quien la controlaba. La vació en cuanto se enteró de nuestros planes. Compró una pequeña casa de campo llamada La Thibaudière y le exigió a su hijo que hiciera las reformas. Recuerdo a Dominique en el fondo del pozo, como si nunca fuera a salir, dejándose enterrar vivo por su padre, que seguía intentando dirigir nuestro futuro. Nos había robado y no habíamos dicho nada. Del mismo modo que tampoco dije nada cuando, en el momento de casarnos, le explicó a mi padre, que había ido a conocerlo, que no podían permitirse un banquete. Mi padre insistió, quería una buena celebración para su hija, nada lujoso, pero deseaba que mis tíos, mis tías, su familia y la de mi madre se sentaran juntos alrededor de largas mesas cubiertas con manteles blancos. La madre de Dominique respondió que bastaría con que asáramos pollos. Seguía las instrucciones. Dije que no tenía importancia, que estaba bien así. No era cierto, me parecía un pícnic miserable, pero no quería problemas, mi prioridad era casarnos y poder vivir juntos. Huir, por fin. Dejé que Denis Pelicot pisoteara los deseos de mi padre. También yo le tenía miedo.

Nunca olvidaré la mirada que me dirigió al año siguiente. Yo estaba en el patio de su nueva casa de campo, en bañador, embarazada de David, desenredándome el pelo, que me llegaba hasta la cintura. Al darme la vuelta, lo vi sentado en la cama de la habitación, observándome. Su mirada me hizo sentir incómoda. Más tarde se lo conté a Dominique. No le sorprendió. Era el hijo del ogro. El verano siguiente, su hermano mayor me tocó el culo. Se parecía a su padre, pero Dominique era diferente. No era como ellos, sino su polo opuesto, el aliado de su madre y de su dolor silencioso. Era un padre joven y cariñoso que se levantaba por la noche a darle el biberón a su hijo. Y éramos felices. Nos llevábamos a David incluso cuando íbamos a cenar a casa de amigos; era un niño muy tranquilo que se quedaba dormido en cualquier parte. Lo recuerdo a los tres años, acurrucado al lado de la mesa donde jugábamos a las cartas. Vivíamos muy lejos de Indre y de la brutalidad de su familia. Nos habíamos unido a las filas de la clase media baja que crecía en las afueras de París. Y durante años, los domingos por la mañana Dominique llevaría a los niños al bosque de Sénart y jugaría con ellos interminables partidos de fútbol, como si por fin hubiera encontrado a los compañeros que no tenía en la finca de Oublaise.

Con el tiempo dejé de creer que fuéramos iguales, lo protegía, sabía que en su familia nadie consolaba a nadie, lo único que los mantenía unidos era la tiranía. Yo era consciente de la magnitud de nuestras diferencias. Para él, la tragedia era una amenaza constante, y sobre todo venía de dentro. Para mí, la tragedia formaba parte del pasado, nos había dejado desconsolados, pero llenos de un amor perdido.

Mi hermano se había convertido en un joven silencioso y resignado. Trabajaba como fontanero en el sector de la construcción y no sabíamos nada más de su vida. En cuanto a mi padre, se había ido a vivir a su Bretaña natal por presión de mi madrastra. Me entristeció que se alejara cuando acababa de nacer David, lo quería cerca de mí y de mis hijos. «Papá, ¿te marchas?». Su única respuesta fue una expresión resignada. Su mujer lo llamaba Younic, Yves en bretón, o Youn. Allí, como muchos exmilitares, trabajaba reclutando a obreros para la construcción. Un día, su secretaria lo encontró inconsciente en su despacho de Quimper. Un aneurisma que podía reventar en cualquier momento le había provocado un ataque epiléptico. Lo operaron de urgencia, pero el lado izquierdo del cuerpo se le quedó paralizado. Tenía cuarenta y siete años. Aprendió a caminar de nuevo, pero el brazo no recuperó la vida. Se sentaba, lo cogía con la otra mano y se lo colocaba en la pierna, o metía la mano en el bolsillo. La mitad de él ya no estaba ahí, quizá más, pero mantenía su elegancia y se ponía despacio sus trajes sin olvidar los gemelos. Y seguía hablándome de mi madre cuando estábamos solos, por supuesto. Me hablaba de su dulzura y su alegría de vivir. La echaba de menos, y a mí mi madre me iluminaba. Al alejarse, añadía más ausencia, parecía decir que ya no tenía mucho que ofrecer y que lo que viene no nos consuela de lo que hemos perdido.

Caroline nació en enero de 1979. Una niña. No sé por qué, pero me sorprendió. Algunos me dijeron que debería llamarla Jeanne, como mi madre, pero de ninguna manera mi hija heredaría una vida truncada. Pensé en Caroline por Carolina de Mónaco, y sonaría bien con Pelicot. Estábamos ennobleciendo el apellido y escribiendo una historia totalmente diferente. Recuerdo a mi preciosa hija con su diadema de princesa haciendo girar su vestido en la fiesta de la escuela. Ese día estaba conmigo su abuela Juliette, que la adoraba. David tenía mucha complicidad con su abuelo, con el que veía películas del Oeste. Porque, a pesar de los recuerdos difíciles, los padres de Dominique venían de vez en cuando a pasar unos días con nosotros, y durante las vacaciones escolares los niños iban a su casa, donde se reunían con sus primos y exploraban los mismos paisajes que nosotros a su edad. En el fondo, aunque nos habíamos marchado, no habíamos huido. Como nacimos después de la guerra, de niños siempre habíamos sentido su sombra planeando por encima de los adultos, algo les hacía apretar los dientes y perder la paciencia enseguida, nunca hablaban de ella y nosotros nunca se lo reprochábamos. Habían depositado sobre nosotros una especie de fatalismo. Lo importante era vivir de otra manera. Sin duda pensábamos que nuestra felicidad y nuestros maravillosos hijos podrían arreglarlo todo. Pero cuando David, a los ocho años, me contó al volver de una de esas estancias que su abuelo había encerrado a Caroline con las cabras, a oscuras, porque se negaba a comer, me hirvió la sangre, les llamé por teléfono y les dije que no volverían a ver a sus nietos. Evitamos La Thibaudière. Después su abuela insistió en que quería verlos. Estaba triste. Y, como siempre, a Dominique le dio pena. Así que regresamos.

Nicole había crecido. Me sorprendía que no saliera y que no viera a casi nadie. Se lo comenté a mi suegro. Con el paso de los años yo había adquirido un poco de confianza en mí misma. «¿A ti qué te importa? No vayas a meterle ideas raras en la cabeza», gruñó. Y entonces nos asaltaron las dudas. ¿Abusaba de ella? ¿Qué mejor presa que una joven con discapacidad mental sin familia? ¿Abusaba de ella delante de su mujer? Dominique habló con su hermano Joël, que le restó importancia y le dijo que en todas las familias había incestos, tanto en las ricas como en las pobres. Él lo sabía muy bien, porque era médico. Fue la primera vez que oí la palabra «incesto», y me quedé estupefacta y aterrada. A él le parecía normal. Estaba empezando su carrera política en el RPR de Indre-et-Loire, así que no quería que saltara un escándalo familiar que pudiera manchar su imagen. Nosotros nos callamos, como todo el mundo bajo el techo de Denis Pelicot. Oíamos llorar a Juliette. Siempre acababa pidiéndonos dinero. Dominique le daba unos billetes. Yo pagaba la factura de la luz. Nuestra felicidad debía pagar su tributo a la infelicidad.

Cuando Juliette Pelicot se enteró de que tenía cáncer de mama, entendió que era su puerta de salida. La llamé cuando volví a quedarme embarazada, a principios de 1986, y le dije:

—¡Nacerá en octubre, Juliette! ¡Ánimo!

—Ya no estaré aquí —me respondió.

Murió sola en el hospital, sin nadie a su lado, en marzo, a pocos días de cumplir sesenta y cinco años. Como era costumbre entonces, llevaron su cuerpo a casa para que lo velaran. En el ataúd, bajo la peluca, su rostro estaba por fin en reposo. En cuanto la enterraron, Denis Pelicot oficializó su relación con Nicole. Ella tenía veinticinco años. Él, cincuenta y ocho. «Sienta bien tener a una jovencita en tu cama», dijo.

Florian nació en octubre, como esperábamos.

Dominique estaba cambiando. Era como si hasta entonces hubiera fusionado su dolor con el de su madre. Y ahora que ella había muerto, algo se desbordaba. Los recuerdos afloraban. Me contó una pelea en Oublaise con su hermano Joël, que le había tirado una piedra y le había dado en la cabeza. Tenía nueve años. Lo llevaron al hospital de Châteauroux y lo tuvieron en observación durante una noche. Se despertó porque le costaba respirar. Al abrir los ojos, creyó ver un bigote. Me lo contó así, con sus impresiones de niño. Tenía el miembro de un enfermero en la boca. Llevábamos casi quince años casados y nunca me lo había contado. Íbamos a La Thibaudière con menos frecuencia.

Denis Pelicot murió de un infarto en febrero de 2004. Nicole lo encontró tirado en el suelo de la cocina. Dominique fue a ver el cuerpo de su padre, pero no asistió a su funeral. Teníamos previsto viajar a las Antillas. Nuestros hijos sí fueron al funeral de su abuelo. Sabían la sombra que ese hombre proyectaba sobre su hijo, y sobre ellos mismos.

Unos años después, Caroline le sugirió a su padre que escribiera sobre su infancia. Sentía que allí había claves, nudos y cosas mal digeridas que la escritura podría desentrañar. Dominique siguió su consejo. Me hizo leer su texto y repartió una copia a cada uno de nuestros hijos y otra a su hermana. Ya no lo tengo. Lo destruyó tiempo después la furia de nuestros hijos, en Mazan. La copia de Caroline está ahora en el expediente de instrucción. Es un relato marcado por el sufrimiento de su madre y la violencia de su padre, y menciona el castillo de Oublaise, una pedrada, a Nicole y muchos otros episodios. Su historia termina el día en que nos conocimos. Dominique escribió que para él significa «el final de la pesadilla».

# 8

Al principio había amor, liberación y el estribillo de Michel Fugain que cantábamos a todo pulmón, como si lo hubieran escrito para nosotros: «*Es una novela hermosa, es una historia hermosa*». Me obsesionaba. Era doloroso y vital a la vez. Ahora necesitaba lo que habíamos vivido. Necesitaba a personas que lo escucharan, lo creyeran e incluso lo compartieran conmigo. Mis hijos no podían. Ellos habían tirado el pasado a un vertedero donde se separa el vidrio del plástico y de la madera, pero les era imposible distinguir a su padre del envenenador y el violador.

«Has tenido una vida de mierda», me decía Caroline.

No, no era cierto.

Mi hija también tenía buenas intuiciones. Fue ella la que mencionó a Pascale cuando el suboficial Perret preguntó por testigos que pudieran hablarle de nuestra relación. Recordó a esa amiga de sus padres que había desaparecido extrañamente de sus vidas. Incluso lo recordaba como una desaparición misteriosa. La policía me pidió que la buscara. ¡Qué buena idea! De repente me urgía hablar con ella. Pascale y yo nos habíamos conocido en EDF en 1982. Fue amor a primera vista, una de esas amistades que surgen y se vuelven indispensables en cuestión de días.

Ella tenía veinte años, y yo treinta, un marido y dos hijos. Enseguida me llamó «Pelic». Los que suelen llamarse por el apellido son los hombres, pero ella lo hacía a su manera, lo abreviaba y le daba un sonido totalmente diferente, más desenfadado. A veces salía con ella por la noche y dejaba a los niños con Dominique. También la invitaba a venir a nuestra casa. Se lo pasaba muy bien. Se convirtió en una hermana pequeña para mí. Y en una amiga para mi marido, esa amiga que a los niños les encanta que venga a casa. Incluso venía con nosotros de vacaciones.

Pero a principios del 2000 rompí con ella drásticamente. Un día entró en mi despacho justo cuando yo colgaba el teléfono tras haber hablado con Dominique. Supongo que le hice algún comentario simpático sobre él, pero ella cortó mi entusiasmo de golpe. «Ay, tu Doumé, lo has puesto en un pedestal, pero no sabes con quién vives». No lo soporté. No hice nada por entenderlo. «Vete, no quiero volver a verte», le dije. Preferí perder a una amiga querida antes que escucharla. Y durante más de once años, Pascale y yo nos cruzamos por los pasillos y no nos saludamos. Le escribí una nota cuando me enteré de que había muerto su madre, a la que yo quería mucho. Ella me dejó otra cuando me jubilé. Ninguna de las dos respondió. Después nuestros caminos se separaron para siempre. Hacía veinte años que no hablábamos.

Contacté con antiguos compañeros para localizarla. Lo hacía más por mí que por la policía. Con Pascale podría retroceder en el tiempo. Ella no pisotearía nada. Ahora quería escucharla. Que me explicara lo que quiso decir aquel día, porque lo más doloroso de lo que estaba viviendo era no haberme percatado de nada. A veces me engañaba a mí misma diciéndome que habría podido evitarlo y salvarnos.

Al final conseguí su número. Una mañana, en casa de Florian, después de desayunar, la llamé.

—Pascale, ¿te acuerdas de mí? Soy Gisèle Pelicot.

—¡Pelic! ¿Cómo iba a olvidarte?

Parecía muy contenta de oírme. Por mi tono de voz creyó que Dominique había muerto. Después me confesó que estaba segura de que no la llamaría mientras él estuviera vivo. De algún modo era cierto. El hombre al que ella había conocido, al que yo había amado, ya no existía.

Le dije a Pascale que necesitaba saber qué había pasado. Me contó que él había coqueteado con ella y le había enviado flores después de haberle hecho unos arreglos en la cocina. Que otra vez, durante unas vacaciones en España con nosotros, después de haberla sujetado y abrazado porque ella se había mareado, le había susurrado que esperaba volver a hacerlo. Era eso lo que había intentado contarme. Nada que anticipara al violador de Mazan, la triste banalidad de un marido mujeriego que coqueteaba con la joven amiga de su mujer.

Le conté lo que estaba pasando. Me escuchó con estupor, sin verme en ningún momento como una mujer sumisa ni como una esclava. Conocía mi vida y mi relación. Ella recordaba lo que decía de Dominique a sus veinte años, que quería lo mismo, un hombre como él. Por eso podía reunirse conmigo en el punto en el que yo estaba, en esa niebla, a veces gélida, a veces sofocante, por la que avanzaba. Hablamos durante mucho rato. Luego me contó su vida, me habló de sus trabajos, de sus hombres, y me dijo que nunca había podido formar una pareja tan fuerte como la mía con Dominique. Fue como si, a pesar de los horrores que acababa de contarle, las impresiones y las palabras de entonces no pudieran borrarse y se expresaran por última vez. Recuperé aire. Me sentí menos sola.

Tres días después me llamó y me propuso que prepara la bolsa y fuera a pasar con ella el fin de semana. Volvimos a vernos. Vino a buscarme. La primera noche nos quedamos charlando hasta las cinco de la mañana. Con ella se abrió de par en par la puerta de los buenos recuerdos, esos años plenos y agotadores en los que construimos nuestras vidas. Cuando nos conocimos, Pascale era una agente muy joven de EDF, y yo, una trabajadora temporal contratada por tres meses en la secretaría de dirección. Nuestra amistad podría no haber durado mucho, porque yo no contaba con quedarme. Incluso puse pegas cuando me propusieron contratarme. Me gustaba el trabajo temporal, cambiar de empresa sin establecerme, y así poder dedicarme más a mis hijos. Solo tenía un objetivo, una atadura: mi familia. No había trabajado durante una larga temporada para cuidar de David y Caroline, avanzaba con cautela y suponía que todavía seguiríamos un tiempo apretados con los niños en el piso de una sola habitación. A veces tenía pesadillas. Veía tanques arremetiendo contra Brunoy, los mismos tanques que había visto de niña en las calles de Reutlingen. No sé qué significaba, aparte de que ahora era una madre joven, como mi madre en Alemania después de la guerra. Que todo era frágil, que podía morirme y perderlo todo.

La empresa insistió. Dominique también. Teníamos que avanzar. A él le apetecía cambiar, no quería seguir siendo electricista, quería dejar las obras, a las que lo había empujado su padre para que llevara dinero a casa, deseaba dar un giro, tenía planes más ambiciosos, teníamos que comprarnos una casa a los treinta años. Un sueldo fijo nos ayudaría a conseguirlo. En octubre de 1982 firmé por fin un contrato indefinido con EDF. Empecé en el nivel más bajo del secretariado, pero enseguida me enviaron a aprender mecanografía en máquinas de memoria, que no eran otra cosa que los primeros ordenadores. Yo, que no tenía ningún título, salvo el certificado de estudios primarios, que me dieron a los catorce años, que solo había querido una familia para lanzarme a la vida, trabajaba en contacto con las nuevas tecnologías.

Me gustaba la vida de oficina. Hacía amigos con facilidad. Adquiría confianza en mí misma. La sede de EDF estaba en la calle Miromesnil, cerca del parque Monceau de París, y después se trasladó a la calle Aguesseau. Todas las mañanas me apretaba en el transporte público que me llevaba a la capital. Al final compramos una casa en Combs-la-Ville. Tuve mis dudas, no estaba segura de que pudiéramos permitírnosla. Dominique iba demasiado deprisa, teníamos que cambiar de coche y comprarnos una casa, aunque a mí me daba igual, no necesitaba grandes comodidades materiales. Al recordarlo ahora, me digo que sin duda me aferraba a algo de nuestros inicios, de nuestra fragilidad, o de su fragilidad, que tanto me había conmovido. Me contenía. Tras hablarlo mucho, cedí. Pero justo después de haber firmado supe que había hecho una tontería, lloré e incluso fastidié nuestra salida al restaurante

Flunch del centro comercial de Évry, L'Agora, ese momento en el que a los niños les encantaba deslizar la bandeja por la barandilla metálica del self-service dudando con glotonería ante la abundancia de platos y postres. Había reprimido mi angustia todo lo que había podido, una sensación extraña, difícil de definir, la impresión de que no controlaba nada, de que no podía dejar que la decisión la tomara Dominique, de que en ningún caso podía dejar nuestras vidas en sus manos. Me deshice en lágrimas, en copiosas lágrimas, en sollozos que era incapaz de explicarle, y aún menos a los niños, solo le dije que me asustaba que fuera demasiado para nosotros, que esa casa de piedra fuera demasiado bonita para nosotros, que no pudiéramos pagarla. Como si pedir más ya fuera allanamiento de morada. Un riesgo demasiado grande. Pero el banco nos había dado luz verde y nos había prestado el dinero. Íbamos a vivir a crédito, que era lo que el mundo moderno nos invitaba a hacer. Construía urbanizaciones y centros comerciales en las afueras de las grandes ciudades para personas como nosotros. Parecía decirnos que bastaba con seguir la corriente, llenar el carrito en el Euromarché y después ir al Flunch en familia a disfrutar de todas las patatas fritas y la nata que quisiéramos. Nos prometía abundancia. Así calmaríamos nuestros viejos terrores infantiles.

El tiempo se desmembraba. Me desmembraba a mí. El trabajo, la familia, corría de un lado a otro. Yo me ocupaba de los estudios de los niños. David empezaba a perder el interés en la escuela, y los viernes por la tarde yo temía su libreta vacía. Tenía que ir a casa de su amigo, copiar los deberes y después supervisarlos. Me preocupaba tanto que a veces explotaba, y después el sentimiento de culpa me carcomía por no haber sabido mantener la calma. Dominique ya no era electricista, había dado el salto. Se había lanzado por fin al sector inmobiliario. Dio sus primeros pasos en una agencia del distrito XIII de París. Estaba empezando. Ahora llevaba traje y corbata. Tenía que vender, conseguir clientes y contratos. Sus ingresos eran irregulares e inciertos. Solo eran anticipos de posibles comisiones futuras. Tardó tres meses en cerrar su primera venta.

Se volvió más insistente en el sexo. Quería cosas nuevas y me sugería prácticas que había visto en revistas pornográficas. Yo me resistía. No iban conmigo. «Eres una santa, podrías haber vivido en un convento, no tienes fantasías», me decía. Me molestaba, pero no me preocupaba. Veía en él las actitudes y las sonrisas condescendientes de los amantes de los excesos, de los bebedores empedernidos o de los aficionados al sexo, que eran los que supuestamente disfrutaban de la vida. Veía sobre todo las inclinaciones naturales de los hombres.

Ya no era el joven tímido al que había conocido, era muy deportista, muy físico, buen esquiador y corría maratones, mientras que yo siempre me quedaba rígida e inmóvil en las pistas de esquí y entraba en pánico si no hacía pie en el agua. Además, yo también cambiaba, aunque de otra manera. Asumía mayores responsabilidades en la empresa y estaba encontrando mi lugar en un mundo donde no era ni hija, ni madre, ni esposa. Ya no trabajaba como secretaria. Hacía previsiones presupuestarias en la oficina de administración, después en «recursos humanos», que ya no se llamaba «departamento de personal». En la empresa todo eran siglas, una lengua extraña y aséptica que yo adoptaba, como todos los demás. Cambiaba de «GF», grupo funcional, y ascendía de «CS», categoría salarial. Además de la «santa», era la seguridad.

Pero me las arreglaba para mantener unidos todos los aspectos de nuestras vidas. Mis amigos eran los suyos, y viceversa. Nos íbamos de vacaciones con otras familias. Organizábamos cenas. En las fiestas, apartábamos los muebles y bailábamos. En nuestra casa, el baile se hacía en el sótano. Lo habíamos reformado por completo. Incluso habíamos colgado una bola de discoteca. A nuestros hijos les sorprendía a veces ver a sus padres comportándose como adolescentes. Recuerdo un fin de semana largo que fuimos con varias parejas a Saint-Maximin, a una casa que Didier, un joven ingeniero de EDF, acababa de comprarse con su mujer. Una noche, Caroline entró en el baño y nos encontró a varios charlando, a Didier lavándose los dientes, a Pascale, y a mí sentada en el váter. Le dijo a su padre: «Mamá hace pipí delante de todo el mundo». Le aseguré que no, que la tapa del váter estaba bajada. Solo estaba sentada. Pero la imagen le había dejado una huella tan profunda que, ya de adulta, veinte años después, me pidió que le jurara que la tapa del váter estaba bajada. ¿Qué había sentido en aquel momento? ¿Qué había temido y llevado dentro durante tanto tiempo? Quizá demasiada soltura, demasiado atrevimiento por mi parte, demasiada gente a mi alrededor, quizá el coqueteo que sobrevolaba por encima de Didier y de mí desde hacía años, mientras su padre atravesaba un periodo más complicado.

A Dominique le costaba recuperarse de la muerte de su madre. Yo me daba cuenta, sin ser del todo consciente de su importancia. Cuando has perdido a tu madre a los nueve años, te resulta difícil entender la angustia de los que la entierran siendo adultos y la han tenido a su lado durante mucho tiempo. A esto se añadía la incertidumbre de su situación profesional y de sus ingresos, mientras yo ascendía y prosperaba en EDF. Pero en ningún caso pensaba en rivalidades, ni siquiera en que yo estaba ascendiendo; solo buscaba estabilidad. Lo mío era suyo. Estaba embarazada de nuestro tercer hijo. Florian nació unos meses después. No le puse el nombre de nadie; bueno, así se llamaba el hijo de mi peluquera y simplemente me parecía bonito. Al día siguiente de su nacimiento, cuando Dominique vino a verme a la maternidad, una enfermera le dijo: «¡Por un momento no ha podido ver al padre!». Didier había venido con una compañera media hora antes. Un malentendido. Pero, en el periodo de fragilidad que atravesaba Dominique, la frase le produjo la sensación de que mi mundo no se limitaba a él.

Me reincorporé al trabajo. El trayecto se me hacía interminable desde que habían trasladado nuestras oficinas a Noisy-le-Grand. Varias veces mi jefe me dijo al llegar: «¿Ha visto la hora que es?». No servía de nada excusarse en el tráfico, la falta de trenes o que mi hijo había pasado una mala noche. Me había convertido en la máquina que lo hace todo que son las madres trabajadoras. Era agotador, pero no insalvable. Nada me había hecho pensar que la vida sería fácil.

Las cenas y las fiestas se reanudaron poco a poco. Pascale no ha olvidado una noche en que bailó una canción lenta con Dominique. Él me observaba en los brazos de Didier, en la pista de baile. Le murmuró: «Algo está pasando, ya no encuentro a mi mujer». Tenía razón. Didier y yo habíamos dado el paso unos meses después de mi vuelta al trabajo tras la baja por maternidad. Nos habíamos convertido en amantes.

Es difícil pasado el tiempo, y más aún en ese momento, entender los puntos de inflexión de una relación, los frenos y los obstáculos que se saltan. No nos veíamos muy a menudo, al menos no con regularidad; nos encontrábamos en un hotel en función de sus desplazamientos. Yo descubría un cuerpo más frágil, nuevas sensaciones, entre ellas mi primer orgasmo. En sus brazos ya no era la joven huérfana y pudorosa que conocía a su salvador. Tampoco la santa que mi marido me reprochaba ser. Ya no era el juguete de mis obligaciones. Iba a cumplir treinta y cinco años, la edad a la que murió mi madre. Pensé mucho en ello por aquel entonces. El miedo a morir regresó, pero para superarlo mejor, para cantar victoria. Iba a vivir más que ella. Iba a cumplir mi promesa. Ser feliz.

Seguía amando a mi marido. Creo que amaba a dos hombres. Incluso le regalé a Didier exactamente el mismo chaleco rojo que le había comprado a Dominique. Didier no descartaba divorciarse algún día, pero no por mí. Hablaba de nosotros como de una relación secreta que podría durar toda la vida. Incluso me presentó a sus padres como una amiga. A veces sentía que tenía más cosas en común con él que con mi marido, más temas de conversación, pero sin duda es privilegio de los amantes sentirse solos en el mundo durante unas horas, tener tiempo para amarse y para hablar. Una noche, en el baño de nuestra casa de Combs-la-Ville, Dominique me agarró con fuerza del cuello de la camisa y me gritó que quería la verdad. David y Caroline presenciaron la escena. No dije nada. Aguanté. «Confesar es hacer daño a los demás», decía a veces Didier. Yo estaba perdida. Pascale me vio echarme a llorar en una sala de archivos de la oficina. Ya no sabía qué hacer. La mentira se había vuelto insoportable. Ella me instó a terminar con Didier. Dominique tenía más sustancia, me decía, más confianza en sí mismo. Ahora que lo pienso, es curioso. Pascale lo había puesto en un pedestal mucho antes de que él empezara a coquetear con ella y de que ella intentara advertírmelo.

En ese momento mi jefe decidió ofrecerme una casa más cercana, dentro del parque de viviendas de EDF, en Gournay-sur-Marne. La propuesta implicaba vender Combs-la-Ville, la casa que Dominique tanto había querido, que habíamos reformado juntos, pero que, como yo había temido, había marcado el inicio de nuestros problemas económicos. Sobre todo, inclinaba la balanza hacia un lado, como si la comodidad y las soluciones siempre vinieran de mí; primero nuestro estudio de Brunoy, y ahora esa casa grande con sus cuatro habitaciones. Como si todo lo que emprendiera Dominique estuviera destinado al fracaso.

Una mañana, cuando me preparaba para irme a trabajar, me exigió de nuevo la verdad. Al final le dije que sí, que, ya que estaba tan interesado en saberlo, tenía una aventura con Didier. Él no se movió, no dijo nada. Se quedó en shock. Yo salí de casa. Más tarde me llamó a la oficina para decirme que no volviera. Nuestros hijos estaban de vacaciones en casa de sus padres. Pasé la noche en casa de Pascale. A la mañana siguiente me desperté con fiebre y afónica. Pascale llamó a Dominique, que vino a recogerme. Luego fuimos a buscar a los niños. David y Florian estaban en casa de su padre y Nicole. Caroline, no muy lejos, con sus primos en casa de Pierrette y André, el medio hermano de Dominique. Una vez allí, empezó a beber y de repente se le metió en la cabeza que iba a llevarme a los niños y lo iba a dejar. El whisky lo ponía cada vez más violento. Empezó a insultarme, y después cogió una silla y me amenazó con estrellármela en la cabeza. Su padre estaba allí, inmenso y amenazante como siempre. Intentó que entrara en razón, pero él era el ejemplo. Era como si Dominique se hubiera vuelto como ellos, como todos los hombres Pelicot. Me escapé sin abrigo, sin nada, en plena noche, dejando a Florian y a David, y corrí dos kilómetros hasta la casa de Pierrette. Me escondí en un armario. Su hermano Joël vino a buscarme. No me llevó a su casa, sino a un hotel de Tours, y desde allí, al día siguiente, cogí un tren a Bretaña y fui a casa de mi padre. Mi madrastra me soltó un sermón. ¿Cómo había podido abandonar a mis hijos? Le ahorré los detalles a mi padre, que estaba cada vez más débil.

Dominique me llamó ya calmado, estaba en casa con los niños, yo tenía que volver, podíamos hablar. Volví. Me dijo que había llamado a Didier y que le había preguntado cuáles eran sus intenciones. Didier le respondió que nunca había pasado nada. Al parecer, Dominique le replicó: «No te mereces a esta mujer». Yo estaba destrozada. Dolida por la cobardía de Didier, que por lo demás no tardaría en sugerirme que reanudáramos nuestra relación. Atormentada por el sentimiento de culpa ante Dominique. En su violencia y en su rabia solo veía la fuerza de nuestro vínculo, mi culpa y su angustia. A mí no me habían preguntado qué quería. Habría sido incapaz de decirlo.

Volvió a ser muy exigente sexualmente, como si quisiera recuperar la exclusividad de mi cuerpo. Yo lo soportaba. Yo era la culpable. Al final nos habíamos mudado a Gournay-sur-Marne, pero me costaba mucho volver a nuestra rutina. Florian tenía tres años. Comía poco y dormía mal. Por las noches arrastraba su colchón hasta nuestro dormitorio. Lo colocaba siempre a mi lado. Yo lo tranquilizaba para que se durmiera, pero seguramente su angustia estaba relacionada con mi sufrimiento.

Una noche que nos habían invitado a un restaurante de los Campos Elíseos para celebrar un gran negocio inmobiliario en el que había participado Dominique, necesitábamos que alguien se quedara con los niños. Me propuso a una amiga suya, Brigitte. Yo no la conocía, pero le dije que sí y dejé que él organizara la velada, era su noche, una consagración profesional como había tenido pocas. La tal Brigitte no tenía nada de niñera, era una mujer de más de cuarenta años que trabajaba en el sector bancario, en la financiación de préstamos inmobiliarios, y por eso Dominique la había conocido. Esa noche vino a nuestra casa con su marido. Me pareció un poco raro, pero decidí confiar en Dominique y marcharme con él. Los niños estaban dormidos cuando volvimos a casa. La pareja se fue. Tardé poco en darme cuenta de que Dominique se había convertido en su amante, o ya lo era desde antes. No dije nada, lo dejé tranquilo. Yo seguía sanando mi dolor y mi ruptura con Didier. Quería que Dominique fuera feliz. Que él también tuviera una aventura aliviaba mi sentimiento de culpa y quizá le ofrecía una sexualidad más libre que conmigo. Seguramente por eso en ese momento no me hice demasiadas preguntas sobre el hecho de que hubiera traído a su amante y a su marido a nuestra casa para cuidar de nuestros hijos. Hoy en día no puedo evitar preguntarme qué escenario retorcido se había imaginado.

Poco después me dijo que necesitaba reflexionar y estar solo. Alquiló un pisito en Torcy. Lo dejé marcharse. Quizá yo también necesitaba una pausa, pero era incapaz de formularlo así, me había resignado, me había quedado sin fuerzas, me daba la impresión de que ya no era la mujer alegre que había sido y me parecía lógico que él buscara la felicidad en otra parte. Pronto una tal Michèle se fue a vivir con él, la había conocido cuando trabajaba en una agencia de trabajo temporal. Nunca coincidí con ella. Aceptaba que él fuera feliz con otra mujer. Suponía que tendrían una sexualidad más desenfrenada que la nuestra. Seguía amándolo, pero no quería dramas. No era un sacrificio, sino mi forma de funcionar, puedo derrumbarme por una ridiculez, pero me endurezco ante las cosas importantes. Así que ponía buena cara. Nuestros hijos iban a su casa. David ya era mayor de edad y empezaba a vivir su vida, y Caroline se llevaba bien con la nueva pareja de su padre. En cuanto a Florian, un día que estaba con ellos en la mesa de la cocina jugando a ese juego en el que uno empieza una frase y el siguiente la continúa, concluyó con: «¡Y yo quiero a mi papá!». Seis meses después, Dominique me preguntó en qué punto estaba. Le contesté que estaba lista para que volviera. Era cierto.

Volvió. Poco a poco empecé a disfrutar de nuevo de nuestra vida. Dejé atrás a Didier, al que evitaba en los pasillos y en el restaurante de la empresa. David y Caroline, ya adolescentes, traían a sus amigos a casa, entraba y salía mucha gente, y me encantaba que se quedaran a comer. Pero Florian mantuvo hasta los diez años la costumbre de arrastrar su colchón hasta nuestro dormitorio, y siempre a mi lado. Por desgracia, es posible que, a pesar de mis precauciones, oyera la vida sexual de sus padres, como le dijo al juez. Todavía hoy duda de vez en cuando de la identidad de su padre. Yo sé que es Dominique y lo animo a que se haga una prueba de ADN, pero quizá ahora prefiera creer que no es hijo del señor Pelicot.

Cuando recuerdo esa época, no puedo evitar pensar en la brecha que se abrió. Yo me alejé y amé a otro hombre en un momento en el que la muerte de su madre le reabría viejas heridas. Las dos mujeres de su vida lo dejaban solo. Quizá todo empezó a desmoronarse en ese instante.

En la audiencia le preguntaron: «¿La aventura extramatrimonial de su mujer cambió algo en usted?». Dominique respondió que no. Es cierto que después casi nos reímos, tranquilos por seguir juntos. Nos habíamos conocido muy jóvenes, sin haber vivido nada, eso nos decíamos para borrarlo todo y nos reíamos de los niños que habíamos sido. Lo que significaba que habíamos perdido la inocencia.

Pero la llama seguía ahí, imposible de apagar. Siempre se verá como debilidad, ahora que conocemos el final de la historia. Cuanto más lo pienso, cuanto más encajo las piezas, más me digo que él podría haberme dejado para siempre, multiplicar sus aventuras y sus experiencias sexuales, pero en el fondo le era imposible. Yo era «el final de la pesadilla», como había escrito, la llave de su existencia. Lo importante era poseerme.

# 9

Llegó la primera Navidad de una familia destrozada. No pasamos juntos la Nochebuena de 2020. El horror se había introducido en todos nosotros. Yo estaba en casa de Florian, con su pareja, Aurore, embarazada de su tercer hijo, y sus dos hijas, Ella y Anna. Había champán y foie gras con tostadas. Guardábamos las apariencias. Pero es extraño cómo lo conseguimos, cómo nos sometemos, cómo nos vestimos y brindamos, aunque estemos devastados por dentro. Yo pensaba en los que no estaban allí.

Esa noche, temprano, oímos unos golpecitos en la puerta. Era Maxime, y detrás de él estaba Caroline. El niño corrió hacia mí tendiéndome un regalo. Saqué de la bolsita un precioso colgante con una piedra azul que había elegido su madre. Me mimaba por medio de su hijo. Me emocioné. Pero ella no entró. Se quedó inmóvil bajo el tejadillo de la casa. Estaba resentida con su hermano por haberme alojado, por haber permitido que me marchara de su casa, y conmigo por no haberme quedado. Desde lejos percibí el enfado en la voz de Caroline al dirigirse a Florian. No me acerqué.

Saber que estaba inmóvil en el umbral me recordó otras fiestas navideñas también tristes. La que celebramos en un salón vacío poco después de que nos confiscaran los muebles de la casa de Gournay-sur-Marne. Caroline tenía once años; David, quince, y Florian, cuatro. Cenamos en los muebles del jardín, que los agentes judiciales no se habían llevado. Y como para ahuyentar la mala suerte, Dominique me regaló un anillo. No era el momento, no lo quería, había sido muy restrictiva con los regalos de los niños, así que me levanté y me fui a llorar a la cocina. Caroline me siguió y me reprochó haber puesto triste a su padre. Sintió la necesidad de protegerlo, como en el fondo siempre había hecho yo. Seguramente su angustia actual respondía a lo cerca que se sintió de él de niña. Me habría gustado ayudarla, pero no sabía cómo hacerlo, cómo llegar a ella en esos momentos, yo misma me sentía muy frágil, aunque me esforzara en no mostrarlo. Yo era silencio, y ella necesitaba ruido. Me aferré a la presencia de mi nieto, muy cerca de mí. Su nacimiento me había unido más a Caroline, recuerdo lo mucho que deseaba tener un hijo, lo mucho que lo había esperado, y la sorpresa que me dejó en la mesa durante una comida en familia. «¡Levanta la servilleta!», me pidió impaciente. Y descubrí, conmovida y feliz, la imagen borrosa pero impactante de una ecografía de los primeros meses. Luego, para nuestra alegría, nació Maxime.

Y ahora lo tenía frente a mí, alterado por la brusca disolución de nuestros ritos familiares, y sobre todo atrapado en un conflicto de lealtades entre su madre, que lo esperaba fuera, y su abuela, que tanto lo había cuidado y que tantas veces había estado con él. Yo conocía sus costumbres, sus gustos, a su maestra, a sus amigos, sus cuadernos escolares, y de repente en Nochebuena solo podíamos estar juntos unos minutos. Pero él lo encajaba, no se le notaba nada. Me habría gustado tener un regalo para él, pero no esperaba verlo y además no había tenido fuerzas para hacer las compras navideñas, así que les había hecho una transferencia a mis tres hijos para que se ocuparan de mis regalos. Le di un beso a Maxime para que pudiera volver con su madre y se marcharon.

Al día siguiente llamé a David y le propuse ir a su casa, porque era Navidad y porque era allí donde la familia se había reunido tantas veces para los cumpleaños y las celebraciones navideñas. Creo que siempre le encantaron las reuniones y las cenas que hacíamos en casa cuando era niño, como le encantaba hacer reír a sus compañeros en clase. Es muy generoso y necesita estar rodeado de gente. Sin embargo, sentí cierta distancia en su voz. «Ven para el postre», me contestó.

Me abrió la puerta él. Céline, su mujer, vino a saludarme. Oí las voces de Caroline y Pierre en el comedor, y las de los niños en el salón. Me fui con mis nietos. Quería un poco de la alegría y la dulzura que ese día tan especial tiene para los niños. ¿Qué entendían ellos?

Solo al mayor, Nathan, le habían contado algo. Tenía catorce años en ese momento. Le habían dicho que su abuelo violaba a su abuela y que estaba en la cárcel. No sé cómo se lo imaginaba. Ni lo que habían oído sus hermanas, Charlize y Clémence. Unas semanas antes me habían dicho: «Qué pena que no vayamos a volver a la piscina de Mazan». «Tendremos otras vacaciones», les había prometido, sin saber dónde ni cuándo. Pero esa tarde hablamos de otras cosas. Maxime estaba contento por esas horas extras juntos.

Pronto, Caroline y Pierre le indicaron desde el pasillo que era hora de marcharse. No entraron a verme. Yo no salí a verlos. Ya no éramos más que una familia desmembrada que mostraba sentimientos en carne viva y viejas rivalidades de niños. Caroline estaba enfadada conmigo por haber preferido la casa de su hermano menor. David, por haberme trasladado con Florian y no con él. Querían estar ahí, protegerme a su manera, pero para mí era como si quisieran apoderarse de mi vida, y yo no quería. No quería depender de ellos. ¿Cómo decirles que necesitaba estar sola?

Lo estaba desde hacía unos días. Me había instalado en casa de Pascale. Ella había ido a pasar el fin de año a las Antillas y me había dejado las llaves de su piso. Estaba en la quinta planta de un edificio moderno cerca de la puerta de Versalles, en París. Era el piso de una amiga, una mujer que vive sola, que no tiene hijos y que cuida de sí misma y de su hogar. Me sentía bien allí. Era exactamente la situación a la que me enfrentaba ahora. Tenía sesenta y ocho años y estaba sola por primera vez en mi vida. El 2021 iba a expulsar al 2020, a expulsar a toda velocidad y para siempre a Doumé, a Mino, a expulsar los días felices, nuestra casa en el sur y nuestros muebles, ahora en venta en una página de internet, y no sabía qué sería de mí.

Crucé ese umbral sin nadie con quien hablar. Solo conmigo misma. Y con mi perro. Y era exactamente lo que necesitaba. Hacia la medianoche recibí un mensaje de Caroline. Me decía que me quería, que se preocupaba por mí y que sobre todo no hiciera ninguna tontería. Se había enterado de que estaba sola en casa de Pascale y pensaba que podría saltar del quinto piso. No me conocía bien. Soy la enemiga de la muerte, que me ha arrebatado demasiado. Le contesté que no se preocupara, le dije que yo también la quería y le deseé feliz año.

Esa Nochevieja vi todos los capítulos de *Gambito de dama*, una serie estadounidense que cuenta la historia de una huérfana rebelde que llega a ser una figura del ajedrez. Me quedé despierta hasta las cinco de la mañana, con mis ojos de huérfana abiertos de par en par.

Volví a casa de Florian cuando Pascale regresó de sus vacaciones. Pero ella me acompañaba en mis gestiones. Para mí era estimulante hacerlas con ella, mientras que con mis hijos habría sido inevitablemente más doloroso, un intercambio de papeles que no deseaba. Ellos tenían su vida, y yo tenía la mía. La amistad femenina aliviaba ese momento tan difícil de mi existencia y recuperábamos la complicidad de las jóvenes que suspiran y sueñan juntas preguntándose qué será de ellas. Estábamos más allá en la escala del tiempo y habíamos dejado atrás el espejismo del matrimonio. A veces nos reíamos de las señales del destino. Una tal señora Toupris se encargaba de mi expediente fiscal. La señora Pardon, del expediente de sobreendeudamiento, ahora a mi nombre. Mientras tanto, Pascale me prestaba algo de dinero. Me sugirió que solicitara una vivienda social, y lo hice sin convicción, porque no estaba segura de querer volver a vivir en París. El infierno urbano a dos pasos de su casa, en la puerta de Versalles, un auténtico nudo de avenidas, túneles e intersecciones alrededor del bulevar Périphérique, me hacía añorar el sur. ¿Adónde ir? No tenía ataduras. Me parecía que todos los paisajes que habían jalonado mi existencia, desde Alemania hasta Provenza, eran decorados de cartón que desaparecían cuando me marchaba. Habitaba una vieja herida. Mi camino consistía en sanarla. Pascale se sorprendió un día al oírme decir que aún esperaba poder dar amor a alguien. No podía creerse que no hubiera cerrado definitivamente la carpeta de los hombres. Muchas mujeres de su edad y de la mía lo hacían, con una mezcla de amargura y alivio.

El 21 de enero tuve una cita con el psicólogo designado por la justicia. Me hizo muchas preguntas, le hablé de la muerte de mi madre, de las ausencias de mi padre, que era soldado, del cariño y la autoridad natural de mi abuela materna, de la rudeza de mi madrastra, de su hija, de la falta de amor, de mis cero faltas en los dictados, de que dejé muy pronto la escuela, de mis primeras relaciones sexuales con Dominique, de sus demandas y de nuestros hijos. Luego me entregó una página en blanco y me pidió que la firmara. Lo hice mecánicamente, en la esquina inferior derecha.

«Usted es una mujer dominada bajo el yugo de un hombre —concluyó—. Es la esclava de su marido».

¡Pero el amo no duerme a su esclava para tenerla a su merced! ¡Le da órdenes y la ve sufrir! ¿Qué sabía él de mí, de nosotros y de nuestro amor? ¡Nada! Yo no había sido una esclava. Y Dominique no siempre había sido un torturador. Yo no me había casado con un torturador. Salí de allí furiosa. Ahora había muchas versiones de nuestra historia. La de nuestros hijos, la de la policía y la de los expertos. La mía se hundía en la mirada de los demás.

Pero me aferraba a ella. Intentaba entenderlo. Solo entenderlo. No negaba el delito, aunque todavía no pudiera enfrentarme a los detalles ni a su alcance. Estaba dispuesta a responder a las preguntas, incluso a las más íntimas. Pero no reconocía mi vida cuando otros la resumían. Había sido feliz, estaba segura. No era solo una víctima.

Entregué las llaves de la casa de Mazan. Había regresado y la había limpiado de arriba abajo esperando que me devolvieran la fianza. La dueña no me devolvió nada. Lo que no se había vendido, la mesa de centro y el televisor de pared del dormitorio, lo doné a organizaciones benéficas. La fundación Restos du Coeur compró el coche de Dominique por una módica suma.

Volví a la cárcel de Le Pontet con una chaqueta y varias cosas. Sylvie me acompañó. Esperamos a que llegara la hora de visita en un banco frente al edificio. Vimos llegar a personas, mejor dicho, a mujeres, que iban al locutorio a ver a su marido, su hermano o su hijo. Con mi bolsa llena de ropa de abrigo, debía de parecerme a ellas. Tenía el aspecto de una esposa o una madre, solo que yo también era la víctima.

Ni siquiera Dominique esperaba tanto de mí. La primera vez que fui a dejarle ropa con Florian, escribió a Michel, el marido de Sylvie, para darle las gracias. Imaginó la solidaridad de un hombre. «Creo que has sido tú, Michel, amigo mío, el que me ha enviado ropa de abrigo que me ha recordado el olor de mi casa y en la que he encontrado un pelo del amor de mi vida, que por un instante me ha reconfortado».

No, era yo la que temía que pasara frío. Yo, el amor de su vida, a la que había violado y arrojado a criminales. Yo, que llevaba las huellas de sus envenenamientos en cada uno de mis cabellos. Sylvie me lo dijo y me reenvió la carta. La leí con Florian y lloramos. Dominique parecía temer amenazas y posibles agresiones en la cárcel. Allí, los delincuentes sexuales merecen castigo.

En otra carta a unos amigos de Mazan, poco después, mencionó a su compañero de celda, que no quería estar con él por lo que había hecho, incluso acusó a Caroline de haber hablado con la familia de ese hombre. Llamé a Caroline y le pregunté si era cierto. Le puso furiosa el mero hecho de que por un solo instante me lo hubiera planteado, y tenía razón, él volvía a manipularnos y lanzaba los rumores de la cárcel sobre las heridas abiertas de nuestras diferencias. Tras habernos traicionado y destrozado, Dominique seguía alcanzándonos, y yo seguía creyéndolo.

Cuando la puerta principal de la cárcel se abrió, las mujeres entraron a ver a su ser querido. De nuevo le di la ropa de abrigo al vigilante y nos marchamos.

Mientras tanto, los investigadores de la comisaría de Aviñón a los que el equipo de Carpentras había transferido el caso trabajaban minuciosamente, identificaban uno a uno a los hombres que habían venido a violarme, localizaban sus seudónimos en la red de pervertidos y cerdos, encontraban sus direcciones, llamaban a sus puertas, a menudo tenían mujer e hijos, eran hombres de diversas edades y profesiones, hombres como los que nos cruzamos a diario, y los detenían. Y muchos decían que no habían hecho nada malo. Sus interrogatorios se incluían después en el expediente, y por lo tanto nuestra abogada podía acceder a ellos. Los leía en voz alta, y lo mismo hizo en una cita a la que asistí con Caroline y David. Yo la escuchaba paralizada. Era el relato de lo que me habían hecho y yo no recordaba. La narración en palabras de lo que reflejaban los vídeos que no quería ver.

«Pero ¡reacciona! ¡No reaccionas!», exclamó Caroline, furiosa.

Nuestra abogada le recordó que cada uno lo encajaba como podía, y al final estuvo de acuerdo conmigo en que no debía recibirme con ellos. A veces me llamaba por teléfono para contarme alguna nueva detención y me leía las confesiones. Añadía comentarios muy crudos, indignados, como si fuéramos viejas amigas o una especie de escuadrón vengador contra esos tipos asquerosos que me habían usado como una muñeca hinchable. La aparente relación amistosa que había establecido desde el principio se me hacía pesada. Me habría gustado que filtrara la información, que me protegiera y que me permitiera avanzar poco a poco. Seguía negándome a ver los vídeos. Pero lenta y dolorosamente iba asumiendo quién era mi marido y lo que me había hecho.

«¡Abre los ojos, mamá! ¡Mira lo que te ha hecho!», me repetían mis hijos.

Yo llevaba unos meses viviendo con Florian y Aurore, que estaba embarazada de su tercer hijo. Me tranquilizaba ver crecer su barriga, una promesa de futuro en un momento en el que yo no veía el mío. No quería ser una carga más y tenía previsto marcharme en cuanto se acercara el parto. Mi relación con Florian era tranquila. Él respetaba mi ritmo. Curiosamente, el hijo que había nacido en el momento más frágil de nuestra relación, el que de pequeño arrastraba el colchón hasta nuestro cuarto, era el que parecía entenderme mejor. Aun así, era muy consciente de lo que había sucedido, incluso se daba cuenta con amargura de que había tenido las señales de alarma ante los ojos, pero no había sabido descifrarlas. Tenía veinte años y aún vivía en nuestra casa, con su pareja, Aurore, mientras que su hermano y su hermana ya habían formado su propia familia. Por lo tanto, había presenciado cómo su padre se desentendía del trabajo y se replegaba detrás del ordenador.

La policía citó a Aurore en marzo de 2021. Ella habló de la época en la que Florian y ella eran una joven pareja que vivía bajo nuestro techo. Mencionó una escena que nunca nos había contado, una frase que oyó desde detrás de la puerta cerrada de una de las habitaciones que daban al salón. Dominique quería «jugar a los médicos» con Nathan. Explicó a los investigadores que estas palabras le llamaron la atención porque en esa época estaba en pleno proceso judicial contra su abuelo, que había abusado de ella, pero le impactaron con tanta fuerza que temió confundirlo todo y malinterpretar lo que había oído. Se lo contó a Florian, y ambos prefirieron guardar silencio. Ante la gravedad de los cargos contra Dominique, el lejano recuerdo había aflorado.

Un mes después, nuestra abogada nos leyó en voz alta su declaración en su despacho. Yo estaba con Caroline y David, que le pidió que volviera a leer el pasaje sobre su hijo, que entonces tenía tres años. Más tarde, en el coche, estaba furioso. Enterarse de algo así tanto tiempo después, y por un expediente, no por Aurore ni por su hermano. No podía tranquilizarse. Y estaba preocupado. Sabíamos que mis nietos estaban sufriendo por la situación, por una verdad que no conocían en su totalidad, pero de la que había sido imposible protegerlos en los últimos meses. Tanto las precauciones iniciales como los primeros filtros se desmoronaron rápidamente. Nuestras angustias y nuestras palabras de adultos se habían desbordado. Incluso nuestros silencios nos delataban. Había sido imposible proteger a los niños. Eran prisioneros de la onda expansiva, del cataclismo familiar que Dominique había desatado. Intenté calmar a David. Nos dirigíamos a su casa. En esos momentos yo vivía con mi hijo mayor, su mujer, Céline, y mis nietos, Nathan, Charlize y Clémence. En casa de Florian y Aurore ya había nacido Charlie, el hermano de Ella y Anna, una inmensa promesa, como todos los niños que nacen, y más aún cuando la familia no es más que un campo de ruinas.

Las pocas semanas que había pasado con David y Céline me habían permitido darme cuenta de hasta qué punto los niños estaban afectados y alterados por lo que estaba sucediendo. A menudo me preguntaba cómo podrían crecer y estructurarse con todo eso, cuál sería mi papel con ellos y si sería capaz de tranquilizarlos. La casa estaba muy silenciosa a veces, incluso cuando Charlize, Clémence y Nathan no estaban en la escuela. Los niños de hoy en día no son tan ruidosos como los de antes. Ahora, salvo a la hora de comer, cada uno se queda en su habitación con una tablet y videojuegos. A veces intentaba romper ese aislamiento digital, llamaba a las puertas de mis nietas, como para despertar algo que siempre he buscado, las vibraciones de la vida familiar. Y sin duda también para recuperar con ellas algo de antes, de antes de lo que habíamos descubierto.

Le pregunté a Céline si podía hablar con Nathan. Ella me animó a hacerlo. Subí a su habitación y le dije que si tenía algo que decirme, si necesitaba hablar o quería hacerme alguna pregunta, allí estaba. Él no supo qué responder, y lo entendí, era muy triste imponerle semejante derrumbe de sus puntos de referencia, semejante calvario familiar a una edad en la que uno está buscándose a sí mismo y construyendo su identidad, en la que está emprendiendo el largo y tortuoso camino hacia la edad adulta, que también es la edad de los primeros amores. Me dio respuestas breves, propias de un adolescente: sí, no, no sé. No es fácil abrazar a un chico de quince años. Le repetí que no se preocupara, que saldríamos adelante, que yo aguantaría y que también para él todo iría bien, que podía contar conmigo y con su familia. Le dije lo feliz que me sentía de haberlo visto nacer y crecer.

Sé bien que los momentos dulces de la existencia no tienen mucho peso ante tantos horrores descubiertos, que incluso pueden parecer sospechosos, absurdos y falsos, pero era lo único que tenía, tanto para mí como para ellos. Y solo servía para avivar la rabia de David cuando le recordaba su complicidad con su padre, lo presente que había estado y lo mucho que lo había ayudado en todas las etapas de su vida.

«¡Cállate!», me gritaba de vez en cuando.

Yo me callaba. A veces me iba a llorar al baño.

«¿Por qué lloras?», me reprochaba.

Veíamos fluir nuestra historia, cada uno desde una orilla diferente. Yo río arriba, y él río abajo.

Y ante la mirada de los niños.

De vuelta a su casa, después de la cita con la abogada, temí que todo empeorara. Nada más entrar, David le pidió a Céline que se sentara y le contó lo que acabábamos de descubrir. No se me ocurrió nada que pudiera ayudarlos o tranquilizarlos.

Me quedé callada. Conmocionados, decidieron esperar un poco antes de hablar con Nathan. Días después, David tuvo una fuerte discusión con Florian por la declaración de Aurore. Le reprochó no haber dicho nada durante años, no haber pensado en su hijo ni en ellos. Florian sufría y se sentía culpable. La relación de mis hijos se había roto. La desintegración de la unidad familiar continuaba, inevitable. Volví a mi puzle imposible. Me remonté al pasado, a los años en los que aún trabajaba, cuando a veces Dominique cuidaba de Nathan en nuestra casa de Noisy-le-Grand. Nunca vi a nuestro nieto alejarse ni desconfiar de su abuelo. Me aferré a mis recuerdos mientras David y Céline repensaban los suyos.

Al final le contaron a Nathan lo que su tía Aurore le había dicho a la policía durante el interrogatorio. Llevaban al niño a un psicólogo desde que el caso había salido a la luz, en noviembre de 2020. Yo no sabía cómo ayudarlo, era incapaz de encontrar las palabras para apoyarlo y me entristecía que también él se viera obligado a rebuscar en sus recuerdos. Desde que se había enterado de lo que su abuelo me había hecho, hablaba sobre todo con su madre de una pesadilla sobre su infancia. Un día que estábamos cenando en casa de Caroline y Pierre lo comentó en la mesa. Entonces dije que un sueño no era un hecho, que debíamos ser prudentes y no tomarlo como un recuerdo real y preciso. Quería que mi nieto siguiera adelante, que aguantara, porque conozco muy bien los estragos que causa la tristeza, los había visto en mi hermano, y Nathan solo tenía quince años. David interrumpió la conversación bruscamente. Nuestras heridas sangraban cada vez más.

«¡Mamá, echa un vistazo a tu expediente!», añadió Caroline.

Ella lo conocía muy bien, mejor que yo, es cierto. Nuestra abogada le había dejado sumergirse durante horas en esas páginas, en esas fotos de su madre violada, simbólicamente asesinada. Yo estaba muy enfadada con ella por habérselo permitido. Eso no iba a calmar a mi hija. Y menos teniendo en cuenta que su tío Joël, el hermano de Dominique, le decía con toda la autoridad de la medicina que seguramente su padre también la había violado a ella. Yo había hablado con Caroline muchas veces de las dos fotos tomadas a oscuras. Habíamos intentado determinar en qué momento, sin duda en los últimos diez años, y en qué lugar las había hecho. Al principio ella pensó que era nuestra casa de Villiers-sur-Marne, pero el color de las sábanas me recordaba más bien a su casa. Era insoportable imaginar la mirada incestuosa de su padre en su propia casa. Yo la tranquilizaba diciéndole que era muy poco probable que la hubiera violado, que ella dormía con su marido y que Dominique nunca iba solo a su casa. No pretendía defenderlo, solo quería ayudar a mi hija y no veía otro modo de hacerlo que repasando los lugares y las fechas de los momentos que había pasado con él para que la duda y la sospecha no la envenenaran.

Volví a salir a caminar. Ya lo hacía a menudo por los alrededores de Mazan, y recuperé la costumbre después de trasladarme a la casa de David. Me iba sola durante tres o cuatro horas con mi perro y los de mi hijo. Esos largos ratos me sentaban bien. Eran reparadores. No le daba la espalda al horror, sino que le hacía frente con mis lágrimas, mi soledad, mi tristeza y mis buenos recuerdos. Cortaba a Dominique por la mitad, como me disociaba de mi cuerpo violado. No era a él a quien salvaba, sino a mí. Y así pude avanzar hacia un duelo que la rabia no permite. Lo bloquea todo. El pensamiento y las emociones. Toda posibilidad de sosiego.

El 31 de mayo de 2021 fue el día de nuestra primera conciliación para el divorcio. Me habría gustado que estuviéramos en la misma habitación, pero yo me senté en una sala del juzgado de Carpentras, asistida por una letrada que me había recomendado mi abogada, ante la jueza de familia. Él estaba en la cárcel de Les Baumettes, en Marsella, adonde lo habían trasladado. A su lado estaba su abogada, una mujer menuda con el pelo muy corto y gafas redondas, Béatrice Zavarro. Todo sucedería a través de una pantalla. Aún no habían encendido los micrófonos. Yo tenía que girar la cabeza para verlo. Lo observaba por primera vez desde que lo había visto subir la escalera de la comisaría de Carpentras. Él no levantaba la mirada. Me evitaba. Lo encontré muy delgado. Llevaba una férula en el hombro izquierdo.

Nos pidieron que saliéramos para que las abogadas hablaran unos minutos. Cuando me permitieron volver, los micrófonos estaban encendidos. Hacía siete meses que no oía su voz. Me dijo que lo sentía. Que me pedía perdón. Le dije que había pedido el divorcio.

Cuando se levantó la sesión, pregunté si podía hablar con él. Necesitaba hablar con él. La jueza fue comprensiva. Las abogadas salieron y ella se quedó. Entonces me levanté para colocarme delante de la pantalla. Le dije que Florian y Aurore habían tenido un hijo que se llamaba Charlie.

«Qué nombre tan raro», me contestó.

Le pregunté por qué llevaba la férula en el hombro. Me explicó que las esposas a la espalda le habían agravado la inflamación del hombro y que había conseguido que se las pusieran por delante. Le pregunté por qué llevaba una tirita en la mejilla. Me contestó que se había metido en una pelea en el patio de la cárcel para defender a un tipo. Así que había empezado preguntándole cómo estaba. Mi abogada me reprochaba a menudo: «Usted es su mejor defensora». Para mí, su lugar estaba en la cárcel, pero no iba a arrastrar por el suelo a ese hombre. Tiempo después, cuando la abogada me llamó para concretar los detalles del divorcio y sugerirme que pidiera una gran indemnización, le dije que no quería ni un céntimo y que de todas formas Dominique no tenía dinero. Insistió. Al final acepté pedir un euro simbólico. Me preguntó si era creyente. «No —le contesté—. Creo en fuerzas superiores a nosotros, pero no en un Dios». Me gustan las iglesias cuando no hay misa. Entro por el silencio y para encender velas. No tenía nada que exigirle a Dominique después de los cincuenta años que había pasado con él. Solo explicaciones y el divorcio.

Recuperé el apellido de mi padre. Me llamo Gisèle Guillou.

# 10

Tomé mis primeros somníferos cuando murió mi padre. Ya no podía dormir. Un médico me recetó zolpidem, el fármaco que años después encontraría en el escrito de acusación: lorazepam y zolpidem. Los ingredientes de la sumisión química. «Sobre todo, no le des más de ocho gramos, podría matarla», le advertiría a Dominique un enfermero en la red de pervertidos.

Después de la muerte de mi padre, yo tomaba un cuarto de zolpidem, y solo de vez en cuando. De todas formas, no me hacía efecto. Prefería la radio para dormirme. Todavía la pongo. Sigo con problemas de sueño desde ese diciembre de 1992, cuando falleció mi padre.

Yo acababa de cumplir cuarenta años. Para mi cumpleaños, me dio a escondidas un sobre con dinero. «Para ti». En voz baja, sin que mi madrastra se enterara, como hacía siempre. Como esa vez que fui a verlo con Florian, que tendría unos cuatro años. Dado que el abuelo y el nieto apenas pasaban tiempo juntos, quería que al menos se vieran, y la salud de mi padre se había deteriorado tanto que sentía que tenía los días contados. Cuando llegó el momento de marcharnos, me propuso que fuéramos a revisar las ruedas de mi coche. Mi madrastra masculló que yo ya tenía edad para hacerlo sola, pero él insistió en acompañarme. No era más que un subterfugio, aprovechó la escapada para sacar dinero, lo metió en un sobre y me lo tendió con su brazo sano, el otro había dejado de moverse hacía ya mucho tiempo. «Para ti y para los niños».

Me habría encantado que mis hijos lo conocieran mejor, que pasaran más tiempo con ese hombre tan amable, pero, entre su salud y la dureza de mi madrastra, nunca pude dejárselos. Me habría gustado sobre todo que no tuviera que esconderse para hacerle un regalo a su hija, para ayudarla un poco, que alzara la voz y se enfrentara a su mujer, pero él se callaba. Se callaría siempre, como si toda batalla fuera inútil. Lo supe desde muy joven. Quizá desde aquella tarde de verano en que estábamos de vacaciones en Bretaña. Los veo a los dos en una cama de matrimonio; mi hermano y yo estábamos tumbados en un sofá desplegado en la misma habitación. No creo que nuestra presencia les robara ni un segundo de intimidad. «La vida es una rebanada de pan con mierda que vamos mordiendo poco a poco cada día», dijo mi madrastra, sentada en la cama. Siguió un largo silencio. Yo tendría doce o trece años. ¿Era la única que se rebelaba por dentro contra ese decreto del destino? Ese día había disfrutado corriendo con mi bañador de felpa por la playa de Névez, tan bonita con sus aguas turquesas y su arena blanca que todos la llamaban «Tahití». Aunque solo fuera por esos instantes, la vida tenía sabor, como la napolitana de chocolate que devoraba para merendar. Me guardé para mí mi himno a la vida. Mi hermano, tumbado a mi lado, no abrió la boca, quizá ya estaba convencido de que ella tenía razón. Mi padre tampoco dijo nada. Como la desgracia lo perseguía, había preferido casarse con ella.

Era de esos hombres que se atrincheran con la edad, que ni siquiera intentan ejercer la autoridad que la sociedad les otorga, la de marido y la de padre, se la dejan a otros. Mi padre tenía demasiadas heridas para disimularlas. Le gustaba escuchar música clásica con el volumen muy alto, en soledad. Yo también lo hago. Como él, dejo que Mozart se lleve una parte de mí que no muestro. En la entrada de la que hoy es mi casa tengo una foto de mi padre enmarcada. Tendrá algo más de cincuenta años, está sentado de perfil delante de una ventana, lleva una camisa blanca, su corbata y sus gemelos, debe de tratarse de una comida familiar, pero es difícil interceptar su mirada, alza los ojos al cielo y al horizonte, huye del objetivo como en aquella vieja foto que le hicieron durante un permiso en las calles de París, del brazo de mi madre. En el fondo, siempre fue solo la sombra de sí mismo. Su mirada decía, y su cuerpo también, que había sobrevivido a guerras sangrientas, a la locura asesina de los hombres, pero que había ido carcomiéndose por dentro, úlcera perforada, hemiplejía del lado derecho, y después un cáncer de estómago lo alcanzó.

Cuando su salud empeoró, viajé con más frecuencia a Bretaña. La vida se alejaba, y él ya no me hablaba solo de mi madre, recordaba también a la suya, a la que había perdido a los siete años. Yo le decía que ella lo esperaba al final del túnel, que estaría allí, en una hermosa luz. Para mí no era solo una frase. Éramos padre e hija, y también dos huérfanos.

Lo ingresaron en el hospital un martes. En cuanto me enteré, me organicé con el trabajo y con los niños y salí el viernes por la mañana, quería ver a los médicos antes de que los pasillos del hospital se vaciaran por el fin de semana. Mi padre estaba muy delgado en la cama. No era más que piel y huesos. Tenía fiebre. Decía que las paredes de la habitación se le echaban encima. Al final conseguí hablar en privado con su médico, lo recuerdo como si fuera ayer, lo veo señalándome en la imagen de un escáner las metástasis por todo el cuerpo de mi padre, y recuerdo sobre todo sus palabras, que cayeron sobre mí sin miramientos. «Ya está todo el pescado vendido», me dijo. Le pregunté cuánto tiempo le quedaba. Unas horas, quizá unas semanas. Me quedé el sábado y el domingo. Mi madrastra no nos dejó solos ni un minuto. Sabía muy bien el círculo que formábamos en su ausencia, los recuerdos y los fantasmas que surgían cuando estábamos juntos. La tarde del domingo 13 de diciembre de 1992 tuve que marcharme, al día siguiente trabajaba, tenía ganas de llorar, pero no delante de ella, y no quería que pareciera que estaba despidiéndome. «Volveré», le prometí. Mi padre vio mis ojos rojos. «Te quiero, cariño», me dijo. Yo sabía que estaba orgulloso de mí, que le recordaba a mi madre, a la sonrisa de mi madre. Yo había cumplido mi promesa. Cogí el tren de las seis y media. Ya era de noche. Recuerdo que miré el reloj una hora después. Mi padre falleció en ese momento.

Él lo había preparado todo para su funeral. Lo enterrarían donde había nacido, en Scaër, con sus hermanos. Habría un lugar para su segunda esposa. Llevaría puestas sus medallas militares. Les tenía mucho cariño. A su entierro fue mucha gente, él había apoyado al club de fútbol juvenil de su localidad, y en sus últimos años había adquirido la costumbre de ayudar a sus vecinos en los trámites administrativos. Cumplió con su deber hasta su muerte. Pero yo sabía que soñaba con que lo enterraran en otro sitio, con mi madre, en Azay-le-Ferron, en Indre. Ese lugar sería para mi hermano.

Michel estuvo a mi lado en el funeral de nuestro padre. En silencio. Cerrado. Desde hacía tiempo lo veía disolverse y buscar en vano el sentido de su vida. De joven venía a nuestra casa de Brunoy. Dominique intentaba devolverle la sonrisa. Como era muy infeliz trabajando en la construcción, le aconsejé que se presentara a las oposiciones para entrar en Correos. Lo hizo. Aprobó y empezó a trabajar en los vagones postales clasificando la correspondencia mientras viajaba. Pero a los treinta años, Michel cayó en una grave depresión. Me llamó desde el hospital de la Pitié-Salpêtrière. Corrí a su lado. Yo era entonces su joven hermana casada y con dos hijos, y estaba convirtiéndome en una especie de autoridad en la familia. El psiquiatra estaba preocupado y me pidió que avisara a mi padre, tenía que ir a ver a su hijo. Cuando lo llamé, cogió el teléfono mi madrastra.

«¡Lo vas a matar! No se lo digas a tu padre», me ordenó.

La obedecí, como una tonta. No avisé a mi padre. La que acabó diciéndoselo fue mi tía Louisette. No nos perdía de vista desde nuestros años escolares en París. Evidentemente, mi padre se enfadó conmigo.

«¿Cómo has podido ocultarme algo así?», me reprochó por teléfono. No me atreví a decirle que su mujer me lo había exigido. La protegí. Quería proteger a todo el mundo.

«Si me pasa algo, quiero que me entierren con mamá», me dijo Michel.

Tras salir del hospital, mi hermano poco a poco se desvaneció. Se fue con el chico con el que compartía habitación a casa de su madre, en París. Allí fue a verlo mi padre, que estaba preocupado. Pero Michel se aislaba y nuestras llamadas telefónicas eran cada vez menos frecuentes, no sé qué tipo de relación tenía con ese chico, a veces me decía que mi hermano amaba a un hombre, que temía que lo juzgaran, pero él era una persona muy pudorosa y quizá me equivocaba. Respetaba sus silencios. Volvimos a vernos en el funeral de nuestro padre, y como faltaban unas semanas para Navidad, la pasó con nosotros. Los niños le regalaron unos tirantes a ese tío triste.

Murió apenas dos años después, el 2 de julio de 1994. Curiosamente, ese día, mientras yo buscaba flores para unos amigos que nos habían invitado a cenar, entré por error en una tienda de coronas funerarias cerca de la plaza de la Nation, en París. Al darme cuenta, me disculpé y me dispuse a salir, pero la dependienta insistió en hacerme un ramo, para olvidarse un rato de los muertos, me dijo. Yo todavía no sabía que Michel había sufrido un infarto en el tren que se dirigía a los Pirineos, que acababa de morir en la ambulancia, entre el ruido de la sirena que lo llevaba al hospital de Orleans. Pedí rosas, gipsófilas blancas y acianos.

No nos avisaron de la muerte de mi hermano hasta dos días después. Fui de inmediato a Orleans con Dominique. Cuando bajamos a la morgue, en el sótano del hospital, una enfermera me aconsejó que no lo viera porque su cuerpo estaba cianótico. Se había puesto azul, casi negro. Pero había que identificarlo. Dominique se ofreció a hacerlo por mí. Volvió muy impactado. Michel tenía cuarenta y tres años.

Lo enterraron al lado de nuestra madre, como él quería, bajo la lápida de granito gris del cementerio de Azay-le-Ferron. Sus compañeros de trabajo colocaron en la tumba una placa en la que habían grabado un tren y un mensaje lleno de buenos recuerdos. Allí yacen Jeanne Guillou, de soltera Prot (1926-1962), y su hijo Michel (1951-1994).

Ya solo quedaba yo, que tenía cuarenta y dos años. Era cierto que me costaba dormir, que ya nunca, o muy rara vez, encontraría ese sueño que te lleva de un tirón a la mañana siguiente, pero el dolor no me había vencido. Seguramente por eso, nuestros problemas de dinero, nuestras infidelidades, todo lo que había salpicado esos últimos años me parecía superable. Seguíamos estando del lado de la vida, con sus altibajos.

Yo llevaba un abrigo de ante con forro y cuello de pelo que me había comprado en la tienda Mac Douglas, cuya puerta me había atrevido a cruzar gracias al dinero que me había dado mi padre por mi cuarenta cumpleaños. «Para ti», me había dicho. Por una vez para mí, solo para mí, aunque nuestra situación económica fuera frágil. Ese bonito abrigo me granjeaba halagos. Me decían que estaba muy elegante. Era el regalo de mi padre, que me ponía encima de mi vieja armadura.

En nuestra habitación, a los pies de la cama, en el perchero donde Dominique colgaba su traje, el pantalón y la americana se quedaban a veces intactos durante meses. Estaba en paro. Tras trabajar en varias agencias, su incursión en el sector inmobiliario no había dado resultado. Se pasaba los días en casa, pero no se moría de aburrimiento. Hacía bricolaje, cocinaba, nos preparaba ganaches de chocolate y yogures caseros, planchaba, iba a buscar a Florian al colegio, dejaba a Caroline en su clase de danza y aprovechaba el tiempo libre para compartir con David su pasión común por las películas de acción. Cuando yo volvía a casa, todo estaba listo. Esta inversión de papeles parecía divertirlo tanto como a mí. Vivíamos muy alejados de las tradiciones y de los sermones que habían asfixiado a nuestros padres. Alejados de la figura aterradora del padre que había devastado su infancia. El pasado no podía alcanzarnos.

El mundo cambiaba muy deprisa, y los trabajos también. La informática se introducía en todas partes, y yo me metí de cabeza, hacía cursos de formación, avanzaba, dejé la secretaría y pasé a recursos humanos, donde gestionaba los contratos de trabajo solidario, un sistema financiado por el Estado para promover la inserción profesional de desempleados. Me había unido al bando de las personas serias. No era consciente de ello, dentro de mí aún supuraban pequeñas vergüenzas y viejas heridas, la inseguridad planeaba sobre mí, pero fuera, a ojos de los demás, tanto en el trabajo como en la familia, era así. Pensándolo bien, es extraño, era él quien debería haber trabajado en EDF, él era el electricista.

Por suerte, sus temporadas en paro nunca eran muy largas. Un vecino lo ayudó a entrar en la empresa de telefonía en la que él trabajaba. Dominique se convirtió en técnico comercial, así que volvió a ponerse el traje. Y por las noches, de nuevo llegaba a casa más tarde que yo, dejaba el maletín en la entrada y venía a reunirse conmigo en la cocina, donde yo estaba preparando la cena.

Al otro lado de la ventana, los setos de laurel y los parterres de geranios eran de los más bonitos de la calle Auguste Renoir, en Gournay-sur-Marne. Me bastaba con mirarlos para sentirme segura. En esas calles no había peligro. Nuestros hijos habían crecido allí, yendo de casa en casa. Llamábamos a la urbanización «pueblo Meeker», el apellido del promotor inmobiliario que la había construido. Como tantos otros, había percibido la oportunidad que ofrecía una periferia parisina en pleno auge, pero para nosotros era como si hubiera trazado una nueva frontera, como si nos ofreciera habitaciones con baño, silencio, espacio y luz, una página en blanco para escribir nuestra historia. Así que asociamos la marca Meeker a nuestro bienestar, y la tarjeta Carrefour satisfacía nuestras necesidades y nuestros sueños. Nos permitía conseguir créditos al consumo para irnos de vacaciones mucho más lejos que Indre, de donde veníamos, a España o al club Aquarius de Ermioni, en Grecia, y también era muy útil cuando llegaban las cuotas mensuales de la escuela privada en la que habíamos matriculado a David después de que hubiera suspendido varios cursos para que por fin acabara la secundaria. Nos preocupaba la mala fama de la escuela pública de nuestra localidad, así que acabamos matriculando también a Caroline y a Florian en una escuela privada en el primer curso de secundaria. Fue una decisión poco sensata desde el punto de vista económico, pero queríamos que nuestros hijos tuvieran los estudios que no habíamos tenido nosotros. Queríamos para ellos la otra cara del paisaje en el que habíamos crecido, la otra cara de la crudeza que habíamos vivido.

Íbamos directos hacia ese día en el que se llevaron nuestros bienes ante la mirada aterrorizada de Caroline y la triste Navidad en la mesa del jardín. Se añadió el embargo de mi sueldo durante cinco años, porque lo que nos había dejado mi padre a su muerte me obligó a pagar los impuestos de sucesión, los míos y los de mi hermano, que murió después de él. Yo no tenía ese dinero. Una empleada de Hacienda me sugirió un divorcio falso para que mi sueldo, más regular y elevado que el de mi marido, no tuviera que saldar todas nuestras deudas. La idea me pareció descabellada, totalmente fuera de lugar. La rechacé.

La crisis de pareja había quedado atrás. En la intimidad, nada invitaba a pensar en veinte años de matrimonio y tres hijos, en años llenos de esas rutinas y tensiones que desgastan poco a poco a las parejas y hacen que cada uno se vuelva hacia un lado al meterse en la cama. A veces me habría conformado con apoyar la cabeza en su pecho y descansar, pero Dominique seguía siendo muy exigente sexualmente, así que me dejaba arrastrar, de vez en cuando incluso me apetecía. Yo había puesto mis límites y él los respetaba, aunque seguía otorgándome el título de «santa», que sin duda para él no era un halago, y lo repetía a menudo, pero yo no sospechaba ninguna pulsión peligrosa en su mente, jamás vi ensancharse entre nosotros la frontera entre el bien y el mal. Porque yo le respondía, le decía tan tranquila, un poco como hacen las parejas mayores, que debería buscarse a una mujer como él, no tan recatada y reprimida como yo, podíamos hablar de este tema, nuestras respectivas aventuras lo habían hecho posible, pero él me contestaba una y otra vez: «No, te quiero a ti». La primera vez que me llamó «mi zorra» o «mi zorrita» mientras hacíamos el amor, me quedé estupefacta, refunfuñé, pero para él era un juego, lo excitaba, no era más que un viejo cliché de la literatura erótica y pornográfica, todas las mujeres, o casi todas, eran unas zorras en la saga SAS, esas novelas de espías de Gérard de Villiers cuyas páginas se ponían amarillas en los hogares franceses. Me gustaba más cuando me llamaba «mi pequeña pintora» porque a veces, durante el día, sobre todo cuando ordenaba la casa, cuando volvía a perseguir el desorden y el polvo, silbaba como un artesano en plena faena, silbaba para subrayar que todo iba bien, a pesar de las dificultades por las que habíamos pasado. Aunque sabía, al pensar en los olores del limpiador de metales y de la cera, en el pollo que se despluma para preparar una buena comida, en mi prima Micheline quemada y en mi madre tumbada en la cocina, sabía que las casas limpias y que huelen bien atraen las malas noticias.

En dos ocasiones, en los años noventa, lo vi llegar a casa llorando. Me dijo que se había quedado sin trabajo. Lo tranquilicé. Saldríamos adelante. Y al final acababa apareciendo otro empleo. Él cultivaba todo tipo de relaciones que le permitieran volver a salir a flote. La telefonía estaba en plena expansión, y la especie humana se dejaba implantar, de forma lenta pero segura, un móvil en la palma de la mano. Dominique era especialista en lo que en la jerga eléctrica llaman «corrientes fuertes» y «corrientes débiles». Qué extrañas son las palabras. ¿Era fuerte o débil ese hombre con una vida profesional caótica? ¿Sentía que estaba volviéndose como su padre, pasando de un trabajo a otro, nunca satisfecho o sin satisfacer a nadie?

En ese momento yo no establecía esa relación. La vida era el día siguiente. Era aceptar la idea de que a David no le gustaba la escuela y ayudarlo a encontrar su primer trabajo, lo que Dominique hizo introduciéndolo en el sector inmobiliario. Era dar un empujoncito a Caroline, que no se había esforzado mucho en clase y no podía pasar al segundo ciclo de secundaria, aunque siempre había sido una alumna brillante. La obligué a repetir curso para que pudiera seguir con sus estudios, le dije que debía estudiar, encontrar un trabajo que le gustara y convertirse en una mujer independiente. A mí nunca me lo habían dicho. La vida consistía en darle la vuelta a mi historia. Era pedir la primera cita de mi hija con el ginecólogo. Era ese momento de complicidad a solas en el baño, cuando empezaba su vida amorosa. «Entiendo que tuvieras un amante; si no, en tu vida solo habría existido papá», me dijo. Pero acababan volviendo las tensiones, que yo creía propias de la adolescencia, otras se explicaban por la difícil relación de las madres con sus hijas, de la que no sabía nada, ninguna madre, ninguna mujer me había guiado, yo nunca me había enfrentado a nadie, y a veces sus ataques de rabia me llevaban al borde de las lágrimas. De todas formas, la vida no dejaba tiempo para preguntas. Aunque Florian estaba creciendo, muy a menudo seguía arrastrando el colchón hasta nuestro dormitorio, a mi lado. Y al final me di cuenta de que se las había arreglado para repetir curso porque pasar al siguiente significaba ir a esquiar con la escuela y separarse de mí. ¿Sentía en lo más profundo de él que a los nueve años podía perder a su madre? ¿Nuestras tragedias pasadas volvían para atormentar también a nuestros hijos?

Estas preguntas surgen hoy. En aquel entonces era imposible. La familia solo podía sanarnos. Era una barrera contra la violencia de nuestra infancia y contra las dudas de nuestros hijos, queríamos estar con ellos, a su lado, con la ilusión de poder resolverlo todo. Cuando Caroline, años después, expresó su deseo de ganar algo de dinero en su tiempo libre, Dominique le consiguió unas horas de limpieza en la agencia de un amigo, en Torcy. Y cuando no tardó en verse desbordada y no tenía tiempo suficiente para preparar sus exámenes, éramos nosotros, su padre y yo, los que todos los domingos a las siete de la tarde íbamos a limpiar en su lugar. Nos arrancábamos con gran esfuerzo del descanso dominical para ir al local a pasar la aspiradora, fregar y sacar la basura. Era importante, porque así Caroline seguía cobrando. Éramos más esclavos de nuestros malos recuerdos que de nuestros hijos, aunque quizá acabe siendo lo mismo. Por ellos, por nosotros, seguíamos pidiendo préstamos y echando mano de la tarjeta Carrefour, nuestros deseos no tenían nada de lujosos, unos dulces o ropa que nos gustaba. No soñábamos con ser ricos, solo con estar bien. Con un tipo de interés de casi el 20 por ciento, liquidar la deuda acababa siendo casi imposible. Así que, cuando en 1999 surgió de nuevo la idea de divorciarnos para que no pudieran tocar mi sueldo, lo hicimos. Nos recibió la jueza, una mujer a la que le sorprendió que yo no pidiera una pensión compensatoria, que estaba claramente de mi lado y que habría preferido que yo fuera más agresiva. Mi abogado sabía lo que estábamos haciendo, me había recomendado que fingiéramos un divorcio real, le contesté a la jueza que me parecía bien nuestro acuerdo amistoso, que sobre todo quería que el proceso fuera rápido, y al final salimos con mucho cuidado para que no se notara nuestra complicidad. Ya no éramos marido y mujer ante el registro civil, pero ¿qué importaba, si seguíamos juntos?

Los tanques se habían alejado de mis pesadillas, pero otro sueño recurrente ocupó su lugar. Dos hombres entraban en mi casa. Yo me escondía debajo de la cama. Veía sus pies dando vueltas por la habitación, buscándome. No había nada que entender.

# 11

Nuestra abogada me advirtió que la llamaban periodistas y que nuestra historia había llegado a oídos de la prensa. Me explicó que la identidad de las víctimas de agresión sexual estaba protegida y me preguntó qué nombre prefería que apareciera, ya que era cuestión de días o de una semana que se publicara el primer artículo. Elegí Marie. Es mi segundo nombre y también el de mi abuela materna, siempre muy erguida con su vestido negro, la mujer más fuerte que he conocido. Decía que los claveles traen mala suerte. Tenía razón. Dominique se puso uno en el ojal de la americana el día de nuestra boda.

El 6 de octubre de 2021 salió a la luz. Una amiga me llamó para avisarme. Un titular encabezaba la portada de *Le Nouveau Détective*: «La peor historia jamás contada. La red de violadores de Vaucluse. Droga a su mujer para ofrecérsela a otros hombres». Nuestra vida acababa en el barro, resumida en unas pocas líneas, justo debajo de la cara de un asesino en serie. No podía sino entusiasmar a esos periódicos sensacionalistas de la parte de atrás de los quioscos o de las barras de los bares. No tienen buena reputación, pero sí el mérito de recordarnos que el infierno solo existe en la tierra. Fui a comprarlo.

Al abrirlo, el rostro borroso de Dominique me agarró por la garganta. Reconocí la foto de inmediato, no sabía cómo había acabado allí, la había tomado yo en una playa de la isla de Ré, adonde habíamos ido para quedarnos con nuestro nieto durante sus vacaciones escolares. Ese día había creído inmortalizar lo que más quería; aunque la foto está recortada, se adivina la parte superior de la cabeza de Maxime bajo la barbilla de su abuelo. Todo lo demás se había disuelto, el vínculo, la ternura y los paseos por la playa. Nuestros recuerdos pasados por la trituradora solo escupían a un criminal sonriente.

Lo llamaban Dominique P., «un técnico jubilado sexagenario, casado con la víctima desde hace medio siglo». Yo era Marie P. «Dominique P. es extrovertido, incluso muy cordial —escribía la revista—. En cambio, Marie, una mujer menuda de sesenta y cinco años, es muy dulce y casi tímida». Todo estaba preparado para desplegar el drama de la dominación. Hasta nuestro bulldog tenía un seudónimo, a menos que fuera un error; lo habían rebautizado como Abondance, quizá por culpa de unos antiguos vecinos de Mazan que, según me contaron después, habían abierto su puerta encantados a periodistas ávidos de cotilleos; les habían dicho que teníamos dinero, una piscina y un descapotable rojo, y que yo siempre iba bien vestida, como una parisina.

En el artículo, que sin duda se alimentaba de filtraciones del expediente, podían leerse extractos de las actas de mi primer interrogatorio en la comisaría de Carpentras. Se adivinaba entre líneas que también circulaban varias fotos de las violaciones. A medida que avanzaban los párrafos, yo no era más que «la pobre mujer» o «la pobre Marie», la víctima que nunca he querido ser, que soy desde el punto de vista jurídico, pero no en la vida. Da igual. Pasé las páginas hacia delante y después hacia atrás, y constaté que mi abogada había aceptado responder a algunas preguntas y que decía que yo solo seguía en pie gracias al amor de mis hijos. Reconocí el callejón bordeado de cipreses y de olivos donde vivíamos y el supermercado de Carpentras donde hacíamos la compra y donde había empezado todo. Y sobre todo vi a cinco de mis violadores por primera vez. Uno de ellos asando salchichas en una barbacoa. Aparecían borrosos, como Dominique. En cualquier caso, para mí también lo estaban. Una multitud de hombres sin rostro cuyos nombres todavía no retenía.

A unos cuarenta ya los habían detenido. Sus interrogatorios me llegaban a través de mi abogada como verdades extrañas, escenas conmigo pero sin mí. Sabía que uno de ellos tenía VIH, que había venido a casa varias veces y que no había utilizado preservativo. No me había contagiado de milagro. También sabía que otro de los tipos que me violaron me saludaba educadamente en la panadería de Mazan, porque había venido a casa a comprar unas ruedas de bicicleta que nunca se llevó, había estado incluso dos veces, ahora sé que las ruedas eran solo un pretexto, una idea de Dominique, el tipo quería verme, ver la mercancía, no hay otra forma de decirlo, antes de venir a violarme. Pero lo peor era que casi todos ellos negaban la violación, y varios aseguraban que yo me movía, que participaba en su orgía. Mi abogada me había advertido que no sería fácil, que también sospecharían de mí. No me lo esperaba.

Cuando la noticia salió en el periódico, me refugié en la segunda residencia de Caroline y Pierre, en Loix, al norte de la isla de Ré. Me instalé a finales del verano, en septiembre. Hacía casi un año que mi vida había explotado. No quería ser una carga para mis hijos, cada día sentía más la necesidad de aislarme, así que les propuse a Caroline y a Pierre alquilarles su casita sin saber cuánto tiempo me quedaría, y aceptaron. Por primera vez en mi vida vivía sola. Escribí «Guillou» en el buzón. El verano había terminado. Los días se hacían más cortos. La calma volvía a ese trocito de tierra salpicado de marismas, espejos turbios que cada tarde adquieren tonos rosados al ponerse el sol. Vivía en una isla. Me sentía como una islita, o más bien quería serlo, separarme del continente, de los demás, es decir, del resto del mundo, de toda la inmundicia humana que nos había sepultado a mis hijos y a mí.

Al otro lado, Dominique estaba en la cárcel; al otro lado, cada semana se ampliaba la lista de hombres que habían abusado de mí, algunos más jóvenes que mis hijos; al otro lado, la prensa era cada vez más voraz. Después de *Le Nouveau Détective*, las páginas dedicadas a Vaucluse de *La Provence* y de *Le Dauphiné Libéré* se hicieron eco de «las violaciones de Mazan». Presentaban a Dominique como un electricista jubilado. Se convirtió en «el monstruo», «el lobo de Mazan». Cada palabra sobre él adquiría un significado personal para mí, que había compartido su vida durante mucho tiempo; lo devolvían al punto de partida, a su condición de electricista, que tanto había querido dejar atrás, y a su padre, sobre todo por la violencia que ahora encarnaba y el terror que inspiraba. El tiempo no era más que un bucle. El pasado y el futuro se unían para engullir todo lo que habíamos intentado.

No estaba segura de que esa isla fuera a salvarme. Estaba contaminada. Acabábamos de descubrir por el expediente que Dominique también había organizado que me violaran en esa casa de Caroline y Pierre en la que me había refugiado. La fecha se me quedó grabada: fue el día de mi santo de 2018. Habíamos ido a cuidar de nuestro nieto durante la última semana de las vacaciones escolares, y después sus padres fueron a recogerlo para que volviera al colegio. Dominique y yo nos quedamos unos días más. En un vídeo se ve a un desconocido violándome en la habitación de mi hija y de mi yerno. Tengo puestas unas ligas, unas medias rotas y lencería negra. Por lo tanto, Dominique se había llevado sus bártulos, no había sido una pulsión repentina, sabía que al amable abuelo de la primera semana lo sustituiría el monstruo. Y que el monstruo le abriría la puerta a su visitante completamente desnudo. Como se describe en las declaraciones, ya no se preocupaba por guardar las formas, reinaba sobre la noche como una bestia. Probablemente ya me había violado antes de que llegara el desconocido. Entonces le impuso su ritual: desnudarse él también en cuanto cruzara el umbral y hacer un montoncito con sus cosas para asegurarse de que no se dejara nada al salir.

Y al monstruo le costaba cederle el sitio al marido. De vuelta en Mazan, tuve una duda, no conseguía recordar si había tirado la basura de la casa de Caroline y Pierre, y les escribí para disculparme de antemano si lo había olvidado. Así había sido, pero bajo el efecto de las pastillas que Dominique había reducido a polvo y me había echado en la última comida justo antes de marcharnos. No recuperé la consciencia hasta ochocientos kilómetros después, en nuestra casa. Hay un vídeo filmado en el camino: mi cuerpo inconsciente yace sobre el asiento reclinado y Dominique me viola en un aparcamiento.

Yo no podía ser una isla.

Cuando la jueza de instrucción, Gwenola Journot, me citó de nuevo en Aviñón un mes después, en noviembre, me preguntó cómo había vivido el impacto mediático de mi historia. Le comenté que tenía la extraña sensación de que hablaban de otra persona, no de mí. Ya no sentía esa especie de distancia que mi mente me había ofrecido en el despacho del suboficial Perret, en la comisaría de Carpentras. Ahora sentía rabia, me indignaba, porque cuanto más se difundía la historia, más gente decía que era imposible que mi papel hubiera sido totalmente pasivo. Empezaba a entender el calvario por el que pasan las mujeres que denuncian a un agresor, que solo cuentan con su buena fe, su valentía, su cuerpo y su memoria heridos ante un policía o incluso un ser querido. Yo no tuve que decir ni que demostrar nada sobre mi desgracia, lo hizo la policía, que tenía pruebas abrumadoras y terribles que yo era incapaz de ver, pero que los agentes habían examinado una a una hasta el punto de provocarles arcadas. Después supe lo difícil que fue para ellos pasarse días sacando fotos, vídeos y mensajes del ordenador de Dominique, de su teléfono, de su cámara, de sus tarjetas de memoria y de sus dispositivos USB, y mirarlo todo, escrutarlo segundo a segundo, mes tras mes, año tras año. Están entrenados para investigar delitos, pero no para presenciarlos. Y a pesar de todo, yo tendría que resultar convincente. La cantinela de los acusados se oía cada vez más, transmitida por sus abogados, pero también, y eso era lo más doloroso, por lo que solemos llamar «sentido común». Muchas veces me llegaron voces anónimas que decían que no podía ser que yo no lo recordara. Era imposible. Para muchas personas era insoportable enfrentarse a la idea de esa macabra danza masculina alrededor de una cama y de una mujer inerte. Ella no podía ser del todo inocente.

—¿Qué le gustaría decirles a los hombres que plantean que es imposible que usted no se diera cuenta de nada durante los diez años en que se produjeron los hechos? —me preguntó la jueza de instrucción.

—¿Qué quiere que les diga? En las pocas fotos que he visto parezco muerta, o como si lo estuviera, en coma.

¿A quién podía contarle algo tan vergonzoso? Cuando me despertaba al día siguiente de las violaciones, tenía el pijama empapado. No lo entendía. Era como si me hubiera hecho pipí mientras dormía, como si ya no controlara mi cuerpo, que envejecía. Ningún médico pudo tranquilizarme.

La jueza insistió y me contó que un acusado le había asegurado que me había visto hacerle una señal con la mano animándolo a seguir, incluso estaba dispuesto a mantener un careo conmigo. Le contesté que solo pretendía intimidarme y le pregunté si alguien veía ese movimiento de mano en los vídeos que yo no quería ver. Evidentemente, no.

En cuanto a ver las imágenes, como varias veces me invitó a que hiciera, seguía siendo superior a mis fuerzas. Ya tenía suficiente con los interrogatorios detallados de los criminales, que recibía a medida que iban deteniéndolos, y con las conversaciones con la jueza. Bastaban para atormentarme. Después solo recordaba fragmentos, no podía asimilarlo todo, era demasiado crudo, demasiado violento, demasiados hombres, demasiadas veces, una parte de mí no quería dejarse arrastrar, pero otra se despertaba. Así recordé esa corona dental que empezó a moverse durante los meses de confinamiento, cuando era tan difícil ir a la consulta de un dentista. Dominique me la retiró con cuidado con una gasa. ¡Y pensar que creía que me ayudaba amablemente! El diente había cedido bajo la violencia de las felaciones impuestas en mi boca blanda. Y también acabé entendiendo por qué me despertaba mojada. Una vez concluida su guarrada, cuando el otro pervertido se había marchado, Dominique me quitaba su lencería, me hacía un lavado vaginal con una pera de goma y volvía a ponerme el pijama. Yo no tenía nada de lo que avergonzarme. Mi cuerpo me advertía de lo que me estaba pasando, pero yo no lo entendía. No necesitaba añadir los vídeos a lo que ya imaginaba. No quería saber los detalles del daño que me habían hecho.

Después la jueza me dijo que habían encontrado fotos de Caroline y de mis nueras, Aurore y Céline. Me preguntó si quería verlas. Le contesté que sí. Les había sacado fotos en la ducha con un bolígrafo cámara metido en un neceser, tanto en nuestra casa como en las suyas. Con el móvil apoyado en una mesita de noche, había filmado a Caroline vistiéndose en la habitación de invitados de Mazan. Pero había ido más allá. Después había hecho un fotomontaje, había colocado juntas a la madre y a la hija en ropa interior y lo había colgado en internet. La jueza me leyó un mensaje que le había enviado a uno de sus contactos. «Te gustan las comparaciones, así que he hecho una de mi zorra y su hija». Su hija ya solo es hija mía, lo que sin duda le permite entregar su imagen robada y degradante a los depredadores sexuales de los que se rodea en internet y recuperar su papel de padre al día siguiente. Yo sigo siendo suya, su zorra.

—¿Qué tiene que decir? —me preguntó la jueza.

—¿Qué quiere que le responda? Es tan sórdido que no puedo decirle nada.

Ya no quedaba nada sagrado. Lo había ensuciado todo. A todos. A todas. Cada una de las habitaciones de la casa. Nuestra casa. La de sus hijos. La jueza me leyó las declaraciones de Dominique cuando le había preguntado por esas imágenes. Le contestó que las había compartido en internet varias veces, «pero no muchas». Admitió que era perverso, pero aseguró que nunca había drogado ni tocado a su hija.

—¿Qué tiene que decir? —insistió la jueza.

—No tengo respuesta, sobre mi hija no tengo respuesta.

—¿Había observado que su marido se sentía atraído por su hija o sus nueras?

—Nunca.

Dije que era un pobre hombre. Yo era consciente de que también él se había sentado allí, frente a ella, en el despacho donde yo estaba. En el mismo asiento, quizá. ¿Se sentó en el borde, como cuando uno está incómodo, o se apoyó en el respaldo? ¿Estaba esposado? La jueza me dijo que él también le había hablado de sus dudas sobre la paternidad de Florian.

—¡Al final será culpa mía! ¡El mundo al revés! —le contesté.

—¿Ha observado que ni siquiera respetó algunas fechas? El día de su santo, San Valentín, su cumpleaños... ¿Qué tiene que decir?

—Ya no tenía límites. No sé hasta dónde habría llegado si no lo hubieran pillado en Leclerc, creo que quizá yo no estaría aquí hoy.

Con la jueza, solo se trataba de mi torturador y de la panda de cerdos con los que se juntaba en internet. Era casi más sencillo. No sentía más que asco. Incluso consideraba la posibilidad de que él me matara. Pero sabía que, en cuanto me quedara sola, volvería a encontrarme con el hombre de dos caras, el violador y ese al que yo había llamado Doumé. Sabía que las playas de la isla de Ré siempre me recordarían nuestros largos paseos, nuestros juegos y nuestras carcajadas con Maxime, que quería volver a subir en el tiovivo. Y que después, al caer la noche, me preguntaría qué habría pasado si me hubiese despertado de repente y hubiera descubierto a un tipo en mi cama. ¿Dominique me habría matado? ¿En qué pensaba cuando me observaba inconsciente después de haber cometido su delito? Nunca dejaré de hacerme estas preguntas, y sobre todo de preguntarme qué habría podido hacer, decir o simplemente ver.

¿Qué habría pasado si lo hubiera mirado a la cara esa noche en que, mientras hacíamos el amor, me susurró al oído que le gustaría verme sodomizada por un negro? Me impactó, me dolió saber que mientras estaba pegado a mi cuerpo me imaginaba con otro, me entregaba a otro que me haría lo que yo me negaba a que me hicieran. Nuestra intimidad ya no tenía sentido.

No reaccioné. No sé qué habría visto en su cara si lo hubiera apartado, hubiera encendido la lámpara de la mesita, me hubiese dado la vuelta y le hubiera dicho: «¡¿De qué estás hablando?!». ¿Habría visto por fin la cara del violador a plena luz? ¿Habría podido quitarle la máscara? Nunca lo sabría. Esa noche lo dejé pasar. Al día siguiente preferí no hablar de ello, lo pensaba, pero no me atrevía, todavía me daba vergüenza, es muy probable que me diera miedo lo que pudiera descubrir sobre él, o sencillamente me diera miedo él, lo dejé pasar con cierta amargura hacia mí misma, lo tiré al cubo de la basura de las fantasías masculinas, cuando quizá ya había sucedido, sí, seguro que ya había sucedido, lo vi en las fotos, ya había empezado todo, él me lo susurraba entre líneas, pero yo no lo entendí. Era inimaginable.

—¿Había observado en su marido la tendencia a mentir? —me preguntó la jueza.

—No. A disimular sí, pero a mentir no.

Hoy ya no sabría diferenciar entre disimular y mentir. Pero me refería a esos momentos en que lo encontraba solo en los últimos años, más sombrío y sumido en sus pensamientos. Si le preguntaba qué le pasaba, eludía la pregunta, me decía que estaba bien, y yo me daba por satisfecha, lo atribuía a sus preocupaciones económicas. Lo que no le dije a la jueza, aunque ella lo sospechaba, es que desde que se había descubierto el caso me gustaba ver en él dudas y remordimiento, me gustaba creer que luchaba contra su doble y que se juraba que no volvería a hacerme daño. Quizá fuera todo lo contrario, el presagio de lo peor, el preludio de la transformación, pero prefería pensar que no, era mi forma de defenderme cuando me encontraba sola frente a mí misma.

También me aferré a nuestras risas compartidas, a esos momentos de total complicidad, era él, era yo, sin duda, no podía haber segundas intenciones, esta vez no. Como en noviembre de 2017, cuando volvíamos en coche a Mazan desde la casa de Caroline en la isla de Ré, era el día de Todos los Santos, yo quise limpiar y poner flores en las tumbas de mi madre y de mi hermano, así que pasamos por Indre y nos detuvimos en Azay-le-Ferron, donde había empezado todo. Nos sentíamos como supervivientes, personas de allí y de otro lugar. Luego fuimos a Châtillon-sur-Indre para hacer lo mismo en las lápidas de los padres de Dominique, fuimos sobre todo por su madre, pero al ir a pagar los crisantemos, la tarjeta de crédito estaba bloqueada, habíamos alcanzado el límite de descubierto. Entonces tomamos prestado el ramo de la tumba de al lado, solo un momento, un instante de recogimiento, y de risas, nos reímos a carcajadas por haber trasladado las flores de una tumba a otra, nos reímos mientras dábamos las gracias al hombre de al lado, nos reímos de nuestro banco, que nos prohibía todo gesto con sus padres, nos reímos de ellos, de nosotros también, nos reímos nerviosa y dolorosamente de la violencia del pasado, por fin enterrada. Yo creía que habíamos sabido vivir, que el mal se pudría bajo tierra.

Pero el mal crecía dentro de él, junto a mí, ahora lo sé. En 2017, el ritmo de violaciones se aceleraría, estaba vinculado a los peores tipos, a las peores fantasías, lejos, muy lejos del joven electricista dulce y tímido que había conocido allí. Después fuimos a la residencia de ancianos del pueblo, donde aún vivía mi tía Jeanne, con la que me quedé tras la muerte de mi madre, hasta que mi padre nos llevó a París. No nos oyó entrar en su habitación, estaba débil, de espaldas, con la mirada perdida frente a la ventana, la llamé en voz baja: «¿Jeanne?». «¡Gigi!», exclamó dándose la vuelta, con la voz aún impregnada de la calidez y la bondad con las que había intentado envolverme cuando yo tenía nueve años. Luego, alzando la mirada hacia Dominique, preguntó: «¿Quién es?». No lo reconoció. En ese momento pensé que era porque él ya tenía el pelo blanco, o por la avanzada edad de mi tía, pero ahora que sé a lo que él se dedicaba ese año, el torturador que obraba en su mente, me pregunto si esa mujer que se ocupó de protegerme en el peor momento de mi vida no tuvo la clarividencia de las personas que se preparan para dejar este mundo. Van a lo esencial. Si no reconoció al hombre con el que me había casado, quizá fue porque ya no era él quien estaba conmigo.

Las entrevistas con la jueza duraban entre tres y cuatro horas. Fueron un punto de inflexión en la intensidad del caso. Salía agotada. Solían ser a las seis de la tarde. A veces me quedaba a dormir en casa de mis amigos Brigitte y Guy, cerca de Aviñón, para volver al día siguiente. Ver a mis amigos siempre hacía la experiencia más llevadera. Su hijo me dijo una vez: «Me avergüenzo de ser hombre». Le respondí que no debía sentirse así. Esa vez cogí un tren a París y pasé la noche en casa de Pascale, y luego me marché muy rápido, porque al día siguiente tenía la primera cita en la isla con una psicóloga que me habían recomendado.

Todavía conmocionada por mis conversaciones con la jueza de instrucción, le conté mi historia. De inmediato tuve la impresión de que no me creía. Ella desprendía una especie de autoridad y yo estaba segura de que me consideraba una mitómana. «Busque "Mazan" en internet y lo verá», le dije. Recurrí a la difusión que tanto me había asustado, ya que ahí estaba. Lo hizo y se enteró del caso. Entonces me convertí en un enigma para ella. También para ella, debería decir. No entendía cómo seguía en pie, gracias a qué magia o a qué mecanismo yo le sonreía y le explicaba que era difícil y doloroso, pero que al final todo saldría bien.

Le decía más o menos lo mismo a Françoise, la hermana de Pascale, que vivía en la isla todo el año y a la que veía con frecuencia. También a Geneviève, la medio hermana de Dominique. Nos llamábamos por teléfono una vez por semana. Yo tenía la sensación de que hablábamos del mismo hombre, de que ella sabía mejor que nadie de dónde venía, la historia despertaba en ella las sombras de su juventud, las amenazas de Denis Pelicot, todo aquello de lo que había huido. Ahora, como yo, necesitaba hablar con su hermano, hacerle preguntas, decía que quería ir a verlo a la cárcel, pero estaba ingresada en un hospital, a sus más de ochenta años, estaba delicada del corazón, así que le escribía. La jueza me había leído un fragmento de una de sus cartas, las tenía todas, porque la correspondencia de los presos siempre se abre antes de entregársela, y esta estaba fotocopiada e incluida en el expediente. Geneviève le daba noticias de mí. «Gisèle está bien. Tienes suerte, solo quiere recordar los buenos momentos contigo», le escribió a Dominique en septiembre de 2021. La jueza me pidió que le explicara esta frase, esta observación de mi cuñada, que también ella compartía y que me daba cuenta de que la incomodaba. Le respondí que no quería dar la impresión de que no estaba bien y que le contaba mi malestar a mi psicóloga. Pero también a mi psicóloga le costaba entenderme. Yo dejaba que cada cual se las apañara con mi orgullo, mis pocas palabras y mis vías de escape.

Caminaba, todavía más que antes. Me encantaba esa isla por sus largas playas, su cielo cambiante, la certeza de que las nubes nunca se quedan encima de ti, que el tiempo pasa y las ahuyenta. Caminaba durante horas y atravesaba el bosque y las dunas al son de las olas y las mareas. Solo así, en movimiento, mezclándome con los elementos, puedo hacer frente a mi tristeza. Entre cuatro paredes, ante otra persona, huyo de ella. Es como si la trampa fuera a cerrarse de nuevo, como si la partida estuviera perdida de antemano, y desde hace mucho tiempo, porque una puede enterarse de la muerte de su madre con solo pasar de una habitación a otra y llevar dentro de sí a una niña a la que nada ni nadie ha podido tranquilizar jamás, ni siquiera el amor, ni siquiera la amistad, ni siquiera la maternidad.

Esa niña de nueve años sigue ahí, revolviéndose dentro de mí. Es ella la que ha poblado mis pesadillas de tanques y hombres que me buscan, es ella la que no me deja dormir desde que murió mi padre. Siempre he hecho todo lo posible por acallar su voz y su dolor. Me he pasado la vida llenando el silencio con música, he combatido el insomnio con la radio y he rellenado los huecos del día a día cocinando, ordenando la casa y persiguiendo el polvo, las migas, el desorden, las arrugas y las malas hierbas, seguro que parezco una maniática, pero limpiar es fundamental para mí, el más mínimo grano de arena podría echarlo todo a perder y los miedos de una niña podrían alcanzarme.

Y ahora que todo se había derrumbado, esa niña solo quería gritar, incluso alzarse victoriosa, porque durante diez años mi sueño la había eliminado. Ahora solo quedábamos nosotras dos. Solo ella y yo. Así que yo salía, con paso lento pero firme, sin ningún eco en la arena, caminaba, la calmaba, la mecía, la agotaba y la dormía. Luchaba contra ella y por ella. No pedía la compasión de nadie. Seguía adelante.

No quedamos muchos en una isla cuando llega el invierno. Nos vemos desde lejos, nos cruzamos una y otra vez a las horas de siempre, nuestros perros se huelen, hablamos de ellos, de su edad, de su raza, luego un poco de nosotros, nos presentamos, decimos cómo nos llamamos y extendemos el brazo para señalar la casa en la que vivimos. Un día tomamos un café y acabamos tuteándonos. «¿Estabas casada?». «¿Tenías casa en propiedad?». «¿Has vendido tu casa para comprarte una aquí?». Las preguntas sonaban a solvencia económica, a proyectos inmobiliarios y a una jubilación dorada. Pero yo ya no tenía nada, nunca había tenido nada, todavía lidiaba con mi expediente de sobreendeudamiento y acababa de recurrir la primera renegociación de mis deudas. Respondía con evasivas. Charlaba de cualquier cosa. Mi historia ya alimentaba titulares en la prensa, pero era imposible contarla.

Sin embargo, me relacionaba con la gente. A veces aceptaba sus invitaciones. Descubría que una puertecita puede dar a un gran patio, a una casa enorme tan bonita como las de las revistas. Ese mundo no era el mío, pero me adoptaba. Yo me dejaba llevar. Era como si viviera vidas paralelas. Y evitaba en la medida de lo posible las preguntas.

Con Angèle y Fred, que vivían en una casita alquilada a dos pasos de la mía, me sentía libre de contar un poco más, de mostrar mi vulnerabilidad, seguramente porque conocía la suya. Aunque tenían la edad de mis hijos, ya habían dejado atrás otras vidas y divorcios dolorosos, eran un poco como yo en esa isla, unos fugitivos. Incluso habían dormido en su coche antes de encontrar un techo que pudieran permitirse. Angèle hacía limpiezas para aportar algo a la economía familiar, y Fred recogía patatas y trabajaba en los viñedos en función de la temporada. Un día les confesé que un tren de alta velocidad me había golpeado en la cara. Me gusta esta imagen para resumir lo que me ha pasado. Indica con gran claridad que ha sucedido algo grave, incluso una auténtica masacre, y no te obliga a decir más. Angèle se lo tomó al pie de la letra y creyó que había sufrido un grave accidente, no me lo dijo, pero pensó que el cirujano que me había operado la cara había hecho un buen trabajo. Así, a mi alrededor, las personas acababan entendiendo que necesitaría un poco de tiempo para explicar mi presencia solitaria en esa isla.

Llegaba el frío. No podría desplazarme a pie ni en bici indefinidamente. Tenía que volver a conducir para ir a hacer la compra, a la psicóloga o a la estación de tren. No me atrevía desde que había perdido el control de mi vehículo en la carretera entre Carpentras y Mazan. Fue en el verano de 2018. Dominique había ido al maldito centro comercial Leclerc. Cuando volvió me dijo que había cerrado el coche con las llaves dentro y que habían tenido que traerlo a casa. No sé hasta qué punto era cierto, pero en cualquier caso debíamos ir allí con una copia de las llaves. Cogimos mi coche. Él se puso al volante. De vuelta a casa, como habíamos previsto, lo seguí. En cuanto salí del aparcamiento, choqué contra un parapeto. Después todo fue de mal en peor, no circulaba en línea recta, él lo veía por el retrovisor, yo rozaba peligrosamente la cuneta y luego pisaba el carril contrario, hasta que empecé a golpear los bolardos de plástico que bordean la carretera. Dominique encendió las luces de emergencia, me instó a reducir la velocidad y nos detuvimos. Lo vi correr hacia mí con lágrimas en los ojos.

«¡Te vas a matar!».

Sí, podría haber muerto, y por su culpa, entonces no lo sabía, pero hoy está claro que estaba bajo los efectos de los medicamentos que me hacía tragar. Quizá me habían violado la noche anterior, o había planificado que lo hicieran esa misma noche. Eso no le impidió llorar sinceramente al pensar que podría haberme estrellado en una cuneta. Tendré que vivir el resto de mis días con esa doble cara: la que llora y la que me mata poco a poco.

En cualquier caso, ahora que sabía a qué respondían mis pérdidas de memoria, ya no había motivo para tener miedo a conducir. Sin embargo, la sensación de peligro seguía grabada en mí. No tenía otra opción y acabé comprándole a Caroline su pequeño coche. Conducía despacio por las carreteras de la isla, a veces me alegraba de que un tractor ralentizara el tráfico, y poco a poco fui sintiéndome más cómoda. Recuperaba la confianza. Ya no temía un accidente.

Y me quedaría en la isla en Navidades, recibiría el 2022 frente al mar, como quien observa lo desconocido. Pero Caroline quería recuperar su casa durante una semana en vacaciones, así que me pidió que me marchara. De repente me encontraba sin nada. Miré hoteles y bungalows en campings, pero todo estaba cerrado o completo. Lo comenté con Angèle y Fred, que me ofrecieron su casa. Me dejaron las llaves y el gato para que le diera de comer mientras iban a pasar las fiestas con su familia.

Sentí entonces la fuerza de los nuevos vínculos. Entendí que se puede pasar la Navidad lejos de la familia y seguir queriéndola. Que es un alivio cenar a solas pan tostado, queso y un tomate, sin preocuparse por nadie más que por una misma. Y sobre todo que necesitaba una casa.

«Hábleme de su infancia», me pidió la terapeuta en la tercera sesión.

Así fue como descifró el impulso vital que habita en mí.

## 12

Esa tarde, cuando sonó el teléfono, yo estaba acurrucada en el sofá. Tenía gripe. El otoño era frío y húmedo en la isla de Ré. Dudé si contestar, porque era un número desconocido. Al final descolgué. Un policía se presentó. «Se trata de su marido». Asentí, como diciendo que sí, claro, la policía siempre me llama por mi marido. «No, no se trata del expediente en curso», me aclaró mi interlocutor. Trabajaba en el departamento de asesinatos en serie o no resueltos de Nanterre, me lo había dicho al principio, yo debería haber adivinado que se avecinaba una nueva tormenta. Nanterre está lejos de Aviñón, pero no caí en la cuenta. Estaba demasiado débil para prestarle atención. Sin embargo, cada palabra que estaba a punto de decir, en ese mes de octubre de 2022, terminaría de destrozarme la vida. Me habló de viejos casos sin resolver, de un intento de violación y también de un asesinato en los años noventa. Mencionó los nombres de las víctimas, que no retuve. Y me dijo que Dominique era ahora el principal sospechoso de ambos crímenes. Era irreal. Como filtrado por la fiebre. Yo estaba aturdida, era incapaz de mantenerme en pie y estaba hecha un ovillo en el sofá, así que no tuve que esforzarme por no derrumbarme cuando añadió que Dominique había confesado el intento de violación hacía unas semanas.

Lo oí decirme que quería que fuera a Nanterre, que tenía que interrogarme. Me oí explicarle que vivía lejos y sobre todo que no estaba en condiciones de desplazarme. No insistió y me respondió que él se trasladaría a la isla de Ré. Colgué con el pecho ardiendo. ¿Cuándo terminaría todo? ¿Cuántos círculos tenía el infierno en el que yo había caído hacía ya dos años? Al día siguiente, cuando mi abogada me llamó para hablarme de esos dos casos, la mandé a paseo, estaba enferma, agotada, y en el fondo no quería que se metiera en ese tema, no quería hablarlo con ella, no quería oír comentarios como los que me hacía cuando me leía las confesiones de los hombres que me habían violado. Era otro caso, no el suyo. Mío, sin duda. Pero quería que me dieran un respiro.

Precisamente estaba empezando a respirar un poco mejor. Ya no vivía en la casa de Caroline. Dos meses antes había encontrado dónde vivir, a unos pasos, en la esquina de la calle, una casita pegada al patio de una casa más grande. Patrice y Eric, los propietarios, conocían mi historia, a diferencia de la mayoría de las personas que me rodeaban, y cuando se enteraron de que estaba buscando un techo, me ofrecieron que me alojara allí. Incluso decidieron construir un pequeño muro en el patio para que tuviera más privacidad, con una puerta en un extremo que me permitía comunicarme con ellos y con el resto de la propiedad cuando lo necesitaba. Me encantaba mi pequeño patio soleado, donde me tomaba el café cada mañana si el tiempo lo permitía. Esa casa se convirtió en mi burbuja, una auténtica bocanada de aire fresco, no tenía nada que ver con mi vida anterior y me permitía vislumbrar la que vendría después. Por primera vez desde que había tenido que huir de Mazan, me sentía en mi casa.

Mi expediente de sobreendeudamiento también se había aclarado. Lo había preparado yo misma, no podía permitirme un abogado, y Françoise me había ayudado a reunir los justificantes y las deudas. En mi defensa había aportado también los artículos de prensa que habían aparecido sobre las violaciones de Mazan, que odiaba, no quería que salieran a la luz, pero los había utilizado. En marzo había ido a juicio. Éramos muchos, muchísimos, los que teníamos deudas. Esperé mi turno. A mi alrededor, historias de retrasos en el pago del alquiler, personas que iban a justificar su caso, un divorcio, la pérdida del trabajo, una enfermedad o una adicción. Todas esas pendientes resbaladizas me parecían suaves comparadas con mi situación, no eran más que las dificultades de la vida. Yo nunca había pedido otra cosa y envidiaba sus problemas. Jamás había creído en la felicidad sin manchas, había recibido amor y adversidades como herencia. Cuando me llegó el turno, pedí permiso para acercarme, no quería hablar delante de todo el mundo de lo que me pasaba, mi marido en la cárcel por haberme sedado, haberme violado y haber hecho que me violaran durante diez años, seguía dándome mucha vergüenza. Pude acercarme a ellos y susurrarles mi historia, era evidente que no habían revisado todos los expedientes ni leído los artículos que había incluido, vi cómo les cambiaba la cara. El tribunal me informó de que Dominique había pagado los impuestos pendientes desde la cárcel y me impuso una cuota mensual de trescientos cincuenta euros durante cuatro años.

Era asumible, mucho menos de lo que me habían reclamado antes. Había hecho bien en apelar. La prensa empezaba a calmarse. Las oleadas de detenciones habían terminado. Yo seguía oculta. Al principio había sido «la víctima», «la esposa», después aparecí bajo la identidad de «Marie P.», improvisada a toda prisa seis meses antes, cuando nuestra historia llegó a las redacciones. Caroline me lo reprochó un día que pasé por su casa. Su prima, la hija de Joël Pelicot, se llamaba Marie. Mi hija estaba furiosa y temía por su reputación. Cometí el error de contestarle que me limitaba a refugiarme tras mi segundo nombre y que era difícil que confundieran a su prima conmigo, porque no tenía mi edad ni había vivido en Mazan. Caroline perdió los nervios y me echó de su casa. Pascale vino a buscarme, testigo impotente de la relación tristemente difícil que mantenía con mi hija, a la que ella había visto crecer. Cada una estaba sumida en su propio dolor, como si nos arrastraran dos corrientes opuestas, dos modos de supervivencia. «Finge que estás mal, eso la ayudará», me había dicho una vez nuestra abogada. ¡Pero si yo también estaba mal! Lo único que sabía hacer era aguantar, resistir y poner buena cara, lo mismo que deseaba para mi hija. Tras esa nueva discusión renuncié a Marie y opté por Françoise, «Françoise P.». Era mi tercer nombre, el de mi otra abuela, a la que nunca conocí, la madre de mi padre, que murió muy joven, cuando él tenía siete años. Ya no me refugiaba tras la abuela que había iluminado mi infancia, sino tras un fantasma.

Unos cincuenta hombres estaban entre rejas, y era imposible identificar a otros treinta que aparecían en los vídeos. A veces pensaba en esos tipos repugnantes que seguían en libertad. ¿Qué estaban haciendo? ¿A quién más iban a violar? Sin duda habían oído hablar del caso. Saber que andaban sueltos me provocaba ataques de pánico. ¿Y si me buscaban? ¿Y si querían vengarse de mí? Era irracional, lo sabía, les convenía desaparecer, el daño ya estaba hecho. Después volvía a la vida cotidiana. A las pequeñas cosas. A las mañanas, las tardes y las noches. A las noches en vela, cuando merece la pena levantarse en lugar de dar vueltas en la cama, abrir la puerta del patio, ir al lavadero de Patrice y Eric, enchufar la plancha para alisarlo todo y llorar en secreto mientras espero los primeros rayos del sol. Mi única brújula era el lento paso del tiempo, que a veces parecía hacerme promesas, porque no estaba muerta.

Seguía caminando mucho, sola o con mi amiga Françoise, con mi bulldog jadeando delante de mí. Una mancha blanca le crecía en el hocico desde que había perdido a su dueño. ¿Qué se le explica a un perro? No lo sé. Sin embargo, a menudo digo que llevo una vida de perros. En el fondo no sabía qué sentía el mío. Pero, para mí, esa mancha blanca en el pelo reflejaba su dolor. Esperaba que el mío no fuera tan visible.

Dos semanas después de la llamada, la policía de Nanterre me interrogó en la comisaría de Saint-Martin-de-Ré. Eran dos. Sentí que estaban incómodos. Temían añadir lo inmundo a lo innombrable y terminar de hundirme. Como en la mirada de tantos otros, vi su sorpresa al verme en pie. La gripe había remitido. Me encontraba mejor. Estaba recuperando mis defensas y mi compostura. Escuché con más atención: Sophie Narme, veintitrés años, agente inmobiliaria, drogada con éter, violada y después estrangulada y apuñalada en diciembre de 1991, mientras mostraba un piso del distrito XIX de París. Ocho años después, en mayo de 1999, a una joven cuya identidad está protegida también la atacaron mientras iba a ver un piso. Forcejeó, se metió en un armario y el hombre se marchó. Ella había reconocido a Dominique en las fotos. En un principio él lo negó, pero lo desenmascararon por su ADN y confesó. Pero aseguraba que no tenía nada que ver con el asesinato. La policía no tenía pruebas para incriminarlo, porque la justicia había extraviado las muestras tomadas a la joven asesinada. Sin embargo, los agentes veían demasiadas similitudes en el método y en las víctimas de ambas agresiones para no seguir investigando.

Confirmé que en las dos fechas en cuestión yo vivía con el señor Pelicot. Que nuestra casa estaba en los alrededores de París. Que Dominique trabajaba en el sector inmobiliario a principios de esa década, pero en 1999 ya no. Me mostraron una foto de un reloj Cartier que llevaba Sophie Narme. Nunca lo había visto. Me preguntaron si Dominique era meticuloso y cómo guardaba sus cosas. La pregunta me sorprendió, pero la segunda joven agredida había contado que el violador se tomó su tiempo después de haberle atado las manos, que se desnudó y dobló con cuidado su ropa antes de lanzarse sobre ella. Les hablé del perchero del dormitorio en el que Dominique colgaba su traje. Nada más. Me mantenía muy recta en la silla, pero dentro de mí todo se desmoronaba, como en esas construcciones de juguete que montamos pacientemente con los niños y que al final derribamos de un golpe.

En la sala de al lado, la policía interrogaba a mi amiga Françoise. Ella había visto a Dominique muy pocas veces, no lo conocía tanto como su hermana Pascale y no tenía mucho que decir, incluso había pedido hora en la peluquería para justo después del interrogatorio, porque creía que solo pasaría por la comisaría y no imaginaba que la policía la retendría durante tres horas buscando algún detalle que apareciera en una frase y pudiera convertirse en la pieza clave del puzle. Françoise solo podía contar que Dominique era un tipo estupendo que le había dado buenos consejos cuando quiso comprarse un piso en los alrededores de París. Por mi parte, aseguré que nunca le había visto marcas de golpes ni arañazos, ni ropa manchada o rota. Me quedé cinco horas. Ya era de noche cuando salí. Un amigo de Loix vino a buscarme para que no volviera a casa sola.

Ya en casa, me serví una copa de vino y llamé a Françoise para preguntarle cómo le había ido. Después telefoneé a Pascale. Necesitaba hablar con ella, desahogarme, soltarme y repasarlo todo a mi manera. Me preguntaba en voz alta por qué él no me había dicho nada, dado que yo suponía que, antes de pasar a la acción, debía de haber tenido pulsiones, debía de haberlas reprimido, y yo habría podido ayudarlo y obligarlo a buscar ayuda. «¡Deja de querer salvar a todo el mundo!», me suplicó Pascale. Ella intentaba hacerme entender que se trataba ya no solo de mi marido, sino también de un individuo peligroso. Ahora el delito salía de nuestra habitación, de nuestra casa, ya no era solo la trágica historia de amor de Gisèle y Dominique, estas dos personas habían existido, yo todavía las atesoraba, jóvenes, frágiles, llenas de esperanzas, incluso las protegía hasta el punto de ver en lo que me había sucedido, en todo el daño que me había hecho con la complicidad de otros hombres, una forma de posesión terrible, un amor que se había podrido, yo era su droga, su único poder sobre la existencia, y me repugnaba, podría haber muerto por ello, pero seguíamos siendo él y yo.

La investigación que se iniciaba contaba otra cosa. Un depredador sexual a la caza. Chicas convertidas en presas. Sentía en la voz de mi amiga que hacía todo lo posible por mantenerme a flote, pero que se había quedado sin palabras. Era un salto a otra dimensión, a un lugar donde la humanidad ha dejado de existir y el lenguaje se detiene. Yo no podía respirar. Tenía el pecho tan rígido que me dolía. Estaba desarticulada. Unas veces era un cuerpo sin cabeza corriendo tras la idea de que habría podido salvarlo de sus demonios. Otras, consumida por la vergüenza, una tonta que se había dejado manipular.

Esa noche me sentí muy sola. Era inútil intentar conciliar el sueño después de haber colgado. Ni siquiera en esas circunstancias recurriría a las pastillas de las que Dominique me había atiborrado. De todas formas, no tenía ninguna. Veía pasar las horas. ¿Qué contiene un minuto, una hora, incluso una vida? Ya no lo sabía. La realidad se me escapaba. Todo se desvanecía. Era como si nunca más fuera a amanecer. Mi vida ya no era más que una larga noche.

No llamé a mis hijos los días siguientes. Pensaba en ellos, en el efecto devastador de estas noticias y en lo difícil que sería para ellos. También los citarían. David, que había estado tan unido a Dominique, vería el rostro de su padre entre el de Guy Georges y el de François Vérove en la comisaría. Nuestras escasas llamadas siempre terminaban mal. Ni siquiera conseguíamos ponernos al día. Cada uno luchaba por su cuenta con la verdad sin saber adónde nos llevaría, el caso nos carcomía, iba apoderándose de nosotros, de nuestro pasado, nos dejaba sin apoyos, para los nuestros ya no éramos más que el reflejo de nuestra propia angustia y nos habíamos vuelto incapaces de apoyarnos. En cuanto a Caroline, sus dudas se convertían poco a poco en certezas sin nuevos elementos que las respaldaran. Sin pruebas, sin una confesión, yo no podía decidirme a afirmar que lo irreparable había sucedido. Sí, esperaba que no. Por ella, sobre todo por ella.

La tragedia se había abatido no solo sobre nuestras vidas, sino también sobre nuestros recuerdos. David y Caroline luchaban contra los suyos y no encontraban ninguna señal que hubiera podido alertarles, solo hermosos fragmentos de infancia. Yo los esgrimía con torpeza ante ellos, eso me tranquilizaba, pero para ellos era todavía más doloroso, sin duda se sentían traicionados y a la vez culpables por haberse reído tanto con su padre, por haber jugado y cantado tanto con él, y sucios por ser hijos de semejante criminal. Preferían crear un vacío. Y ese vacío se extendía a mí. Yo solo hablaba relajada con Florian. Cuando nos llamábamos, no siempre hablábamos de este tema. Podía preguntarle por los niños, la escuela, las próximas vacaciones y sus manualidades. Y no pedía nada más. Seguir viviendo.

Vivir aterrorizados, sí, pensando que una noche Dominique había llegado a casa, en Gournay-sur-Marne, a esa casa que tanto nos gustaba, y que nos habíamos sentado a la mesa como si nada, cuando él acababa de agredir a una chica de veinte años a la que había dejado agonizando en un armario. Ahora ella estaba ahí, en mi cabeza. A sus veinte años. Tan joven. Pero tan borrosa. Al que veía con claridad era al hombre que la había desnudado y atado, al hombre con el que ella había forcejeado y al que le había estrujado los testículos para que la soltara. Yo había pasado mi vida con ese hombre, y ese día en que la había atacado para violarla, había vuelto a casa después. ¿Cómo no se había derrumbado? ¿Cómo no me había dado cuenta de nada? No olvidaba a la otra chica. Ella estaba muerta. Pero Dominique negaba haberla matado. Y el policía había admitido que no tenía pruebas concluyentes, que estaba buscándolas, lo que me dejaba con una pequeña esperanza. Me aferraba a ella. Dominique era un violador, no necesariamente un asesino. Y yo lo recortaba de nuevo, una última vez, como se amputa un miembro cuando se gangrena. Salvar un poco de él era salvar un poco de nosotros, salvar nuestra piel y todo lo que pudiera salvarse de los escombros de nuestra vida.

Pero esa vida ya no nos pertenecía. En noviembre de 2022, unas dos semanas después de mi encuentro con los policías del departamento judicial de Nanterre, vi a mi abogada en televisión. Contaba nuestra historia en un programa sensacionalista llamado *Crimes et faits divers* (Crímenes y hechos diversos), de la cadena NRJ12. Después de ella, otra abogada que llevaba los casos no resueltos del asesinato y la agresión los relacionó con las violaciones de Mazan. Era demasiado. La difusión y las mezcolanzas de las que yo huía. Una vez más, no quería negar nada, ni alterar la realidad, solo quería que me concedieran algo de tiempo, pudor y discreción. Mi ritmo era el de la justicia, no el de los medios, y puede que esa mujer «violada doscientas veces» de la que hablaban en la televisión, enfatizando la cifra como si fuera un récord —¡doscientas veces!—, fuera yo, pero no era solo eso. Me sentí traicionada por mi abogada. Estaba cansada de sus expresiones, de su disposición a hablar ante los micrófonos y de la gran lucha de las mujeres contra los hombres que pretendía llevar a cabo. Y le guardaba un gran rencor por haber dejado que Caroline viera durante horas el expediente y las imágenes de los repetidos abusos que yo había sufrido. No nos protegía. A la mañana siguiente le envié un mensaje conciso diciéndole que ya no me representaba. Se había acabado.

Algunos amigos míos se pusieron nerviosos y me dijeron que no podía avanzar sola, que no conocía a nadie más que pudiera representarme. Les dije que hablaría por mí misma si era necesario. Era evidente que no estaba preparada y ni por un segundo imaginé el torbellino legal que se avecinaba, pero estaba segura de mi decisión, sabía y sentía lo que era bueno para mí y lo que no. Las amistades que había hecho en la isla hicieron el resto. Solo unos días después, una amiga me pasó un contacto. Se llamaba Antoine Camus. Era abogado mercantil, las violaciones no eran su especialidad, pero mi amiga me dijo que lo llamara para pedirle consejo, que había hablado con él y estaba de acuerdo, él podría recomendarme a alguien. Así que una mañana marqué su número. Me escuchó mientras le hablaba de mi historia, del hundimiento de mi vida, de mis preguntas y de los vídeos que no quería ver. Apenas me interrumpió. Era muy pausado y prudente. Le pregunté si le parecía indispensable que me defendiera una mujer, y su respuesta fue que no, porque tras una hora de conversación me propuso representarme. Enseguida me aclaró que se asociaría con un colega con más experiencia que él en el ámbito penal. Así que tenía un nuevo abogado. Y pronto otro más. Se llamaba Stéphane Babonneau. Unos días después hablamos por videollamada. Ellos, desde sus despachos parisinos, y yo, desde mi casita de la isla de Ré. Dos hombres morenos me sonreían en la pantalla del teléfono manteniendo las distancias. Yo tenía edad para ser su madre. Una vez más, me asustaba la idea de que visionaran los vídeos y me daba vergüenza que me vieran así, pero sentía el pudor a ambos lados de la pantalla. Y de repente tenía la sensación de haber tomado las riendas, mientras que durante dos años había ido a donde me decían. El presente empezaba a organizarse. Y el pasado se oscurecía.

# 13

Nunca le he hablado a nadie de un sueño que tenía a menudo en Mazan: un hombre y una mujer llaman a la puerta. Me preguntan si mi marido está en casa. «Se trata de una denuncia de una mujer», me dicen.

Y entonces me despertaba.

La pesadilla se desvanecía. Me levantaba. En la cocina, la mesa del desayuno estaba puesta desde la noche anterior. Cumplía su función: el día ya estaba encaminado y sería hermoso. Dominique seguramente se iría de excursión en bicicleta al Mont Ventoux con unos vecinos. Los dos estábamos jubilados y ya no teníamos que preocuparnos por los altibajos de sus aventuras profesionales. Al trasladarnos a Mazan, en 2013, los habíamos dejado atrás, aunque sus deudas todavía nos perseguían.

Sin embargo, a veces le salían del pecho profundos suspiros. Decía que la vida no había sido justa con él, que no le había dado una oportunidad. Yo apenas lo escuchaba, ni siquiera cuando se preguntaba en voz alta por qué mi pensión era más alta que la suya cuando él había trabajado tanto. No le contestaba. A mí me parecía que teníamos mucha suerte de estar allí, juntos, vivos, frente a un paisaje maravilloso.

Mi calvario había empezado. Yo no sabía nada, por supuesto. Solo me preocupaban mis pérdidas de memoria. Y obviamente no las relacionaba con la costumbre que él había adquirido desde que vivíamos allí de hacerme fotos saliendo del baño en bragas y sujetador para ir a vestirme. No me gustaba, le pedía que parara y al final él guardaba el móvil. Pero siempre suspiraba y me decía que debería estar feliz porque pocos maridos siguen deseando a sus esposas a nuestra edad, lo que me halagaba a mí y a mi obsesión por la felicidad.

En cuanto a la pesadilla, siempre las había tenido.

Pero esta se hizo realidad. Diez años después, la policía me llamó para hablarme de mi marido. Podría haber sido veinte años antes, cuando Dominique agredió a esa chica, si la investigación hubiera tenido éxito. El tiempo no es más que una madeja enredada.

Pienso a menudo en las dos veces que Dominique llegó a casa llorando. Fue en los años noventa, estoy segura, pero soy incapaz de fecharlas, por más que busque el año, y lo busco a menudo, no lo consigo. ¿Había hecho lo impensable? ¿Pasé algo por alto? Me dijo que había perdido el trabajo y lo consolé. Lo que recuerdo es que en las dos ocasiones preparé patatas gratinadas. Mi memoria acabó asociando las lágrimas de Dominique con las patatas cocinándose en el horno, mezclando su dolor con el sabor de un plato cremoso, como si lo único que importase fuera que el problema se solucionara, que todo terminara bien sentados a la mesa.

No soportaba verlo sufrir. Necesitaba tranquilizarlo y protegerlo. Sin duda lo protegí desde el principio, cuando enviaba paquetes desde París con un bonito mechero o un frasco de perfume Brut Fabergé a ese chico perdido de Indre-et-Loire. Para mí seguía siéndolo, y más aún cuando volvía a casa con las manos vacías, cuando fracasaba en su vida profesional. Él aspiraba a algo más que otro trabajo, yo lo sabía mejor que nadie, él quería cambiar de piel, dejar de ser un electricista al que se llama en caso de avería, como su padre, que arreglaba lavadoras. Lo había intentado en el sector inmobiliario, en el trabajo temporal, en la telefonía, pero ninguno de sus proyectos duró demasiado. Yo, en cambio, trabajaba mucho, avanzaba en mi empresa, había cambiado, era más fuerte, más competente y también más importante. Dominique nunca expresó abiertamente amargura ni rivalidad, pero cuanto más me remonto al origen de mi calvario, cuanto más busco, más veo cómo se separaban las líneas de nuestras vidas. Y me veo batallando contra lo evidente y luchando contra el desequilibrio entre nosotros. Tranquilizándolo de nuevo.

A principios del año 2000, EDF me propuso incorporarme a la recién creada unidad técnica de gestión de repuestos para centrales nucleares. Incluso me presionó. Aun así, tenía que presentar una solicitud y hacer una entrevista, era el procedimiento. Aunque contaba con el apoyo de mis directores, dudé. Me inventé todo tipo de excusas para rechazarlo. Sentía que no estaba a la altura. Huía de ese ascenso. A mis compañeros de trabajo les parecía natural, pero a mí me daba la sensación de que era un gran salto al vacío. No era para mí, me repetía una y otra vez, de repente eliminaba todos los peldaños profesionales que había ascendido, todo lo que había aprendido en el trabajo y todos los conocimientos que había adquirido en veinte años de experiencia. Me encogía ante el nuevo puesto que querían que aceptara: «responsable de logística». Estaba muy lejos de la simple secretaria, de lo que era cuando llegué, una mujer discreta que quería complementar el sueldo de su marido. Había cambiado, saltaba a la vista, pero no quería ver la altura que había alcanzado.

En la empresa me presionaron mucho. Al final me presenté a la entrevista. Duró dos largas horas. Cuando me preguntaron si seguía interesada en el puesto, contesté que sí, pero que no era la persona más cualificada, que los demás candidatos lo estaban más que yo. De nuevo me echaba atrás. Me volvía contra mí misma. Pero me eligieron a mí.

—¿Por qué? —les pregunté.

—Ha sido la más honesta —me contestó Séverine Brachet, una joven ingeniera recién salida de una prestigiosa universidad.

En adelante fuimos un equipo. A pesar de sus títulos, formamos un binomio y trabajamos juntas sin que jamás sintiera la diferencia jerárquica entre nosotras. Incluso nos complementábamos, ella tenía un carácter fuerte y le gustaba imponerse, mientras que yo, como siempre, limaba asperezas. Todo me demostraba que a su lado estaba en mi lugar. No tenía motivos para tener miedo en el trabajo. La inseguridad estaba en otro sitio. El reconocimiento solo me iluminaba a mí mientras Dominique lo buscaba desesperadamente.

Acababa de empezar en mi nuevo puesto el famoso día en que mi amiga Pascale entró en mi despacho y me dijo que debería plantearme quién era mi marido en lugar de ponerlo en un pedestal. Creo que fue esta palabra, «pedestal», la que me resultó insoportable. Nadie tenía derecho a insinuar que me equivocaba ni a dudar de él, de nuestra relación. Era un pilar, la base de mi vida, y yo hacía todo lo posible por preservarla. Nadie tenía derecho a juzgar a Dominique, yo lo protegería. ¿Tan frágil era el edificio que tuve que echar a Pascale de malas maneras? ¿Una sola palabra suya podía hacer que se tambaleara? No quise escuchar nada.

Si ese día, cuando entró en mi despacho, le hubiera hecho preguntas, si la hubiera escuchado contarme que mi marido se le insinuaba, no habría cambiado nada, yo habría hablado con Dominique, él me habría mentido y habríamos seguido juntos, porque eso era sinceramente lo que yo quería y a lo que me aferraba. Pero quizá Pascale habría seguido a mi lado. Sin duda ya no habría venido de vacaciones con nosotros, ni siquiera a casa, y habríamos necesitado tiempo para adaptarnos y empezar de nuevo, pero el vínculo no se habría roto de forma tan brusca. Nos habríamos visto en el trabajo, habríamos charlado de trivialidades, de cómo estábamos, y poco a poco, sin darnos cuenta, habríamos vuelto a contarnos la vida, incluso mejor que antes, como hacen las mujeres entre sí cuando no están con hombres, esas pequeñas cosas cotidianas que, en mi caso, con el tiempo, quizá la habrían alertado.

Pero decidí eliminar a Pascale. Le pedí que no volviera a dirigirme la palabra. Subestimaba la amistad. En eso, no creo haber sido diferente de muchas otras mujeres de mi generación. El centro de nuestra vida seguía siendo el hombre con el que nos habíamos casado o al que esperábamos conocer. Pero yo fui mucho más allá, me encerré a solas con Dominique. En esos momentos me resultaba imposible concebir que las personas que sufren se vuelven contra quienes las aman.

Y esa tarde lloré en el coche, de vuelta a casa, y le pedí a Dominique que me explicara qué insinuaba Pascale. Quería que lo comentáramos. Yo creía que él tenía una amante, en el fondo era el escenario más sencillo y menos perturbador. Imaginaba que era él quien se alejaba, no yo, que no me perdonaba a mí misma por el amante que se había cruzado en mi camino, no yo, que ahora repudiaba a la amiga a la que consideraba como una hermana. Dominique no quiso hablar del tema, se enfadó muchísimo con Pascale, dijo cosas terribles de ella, fue desmesurado, y entonces preferí dar marcha atrás y restarle importancia, como siempre. Preservar mi pareja. Lo dejé correr. Y así Dominique me llevó de vuelta a él. Yo hacía el vacío a mi alrededor sin que él me lo hubiera exigido. Como si todavía estuviéramos en nuestros inicios, unidos contra el mundo entero, medicina el uno del otro.

Di saltos de alegría cuando un tipo al que él había conocido trabajando en la telefonía le ofreció en 2003 el puesto de gerente de su empresa. De repente creyó que tendría que asumir mil responsabilidades. Pero, una vez más, todo se vino abajo. No tardó en darse cuenta de que solo era un hombre de paja. El compañero con el que se había asociado firmaba cheques a diestro y siniestro, el negocio se hundía, y Dominique con él. Siguieron de nuevo meses de paro, pero esta vez nuestra casa estaba casi vacía. Caroline acababa de conocer a Pierre y se había ido a vivir con él. David, que ya se había marchado de casa, se casó con Céline. Florian todavía vivía con nosotros, pero con la libertad de un adolescente de diecisiete años. Incluso tuvimos que mudarnos, porque EDF había puesto en venta sus viviendas sin avisarnos. Nos vimos obligados a dejar la casa a toda prisa. Por suerte, Céline y David, que trabajaban en el sector inmobiliario, nos encontraron otra más pequeña enseguida, justo al lado, en Noisy-le-Grand. Nos quedamos a orillas del Marne, que tanto nos gustaba. Ahora Dominique se pasaba el día solo en una casa sin niños y sin historia.

Al año siguiente lo ingresaron en el hospital por un ataque de apendicitis. El cirujano me llamó después de la operación para decirme que le había encontrado un tumor y que había tenido que extirparle toda la cadena ganglionar. Dominique tenía un linfoma. No le dije nada cuando se despertó y le pedí al médico y a nuestros hijos que tampoco lo hicieran para darle tiempo a recuperar las fuerzas, yo temía que se diera por vencido. Cuando por fin le informaron de su estado, se sorprendió.

«Llegaste muy sonriente», me dijo.

Mis viejas defensas contra la enfermedad, sin duda. Mi necesidad de protegerlo una vez más. Se recuperó muy bien y un año después decidió montar una empresa de telefonía y electricidad. Era la señal de que la enfermedad había remitido. Me propuso que yo fuera la gerente, necesitaba a un testaferro para crearla, pero mi contrato en EDF me lo prohibía, así que se lo pidió a Florian, que todavía estaba estudiando, y este aceptó. Nuestros hijos temían por él y prometieron ayudarle. Lo apoyamos todos. El domicilio de la empresa era nuestra casa. Nos habíamos vuelto a mudar a una más grande, también en Noisy-le-Grand, que hacía esquina, con dos entradas y dos direcciones, la de la familia y la de su negocio. Como si ya en nuestro hogar él se desdoblara.

Pero era por una buena causa. Encontró a otro socio, en este caso de confianza, que tenía contacto con un arquitecto que les mandaba clientes. Dominique incluso contrató a dos aprendices. Había mucho trabajo de oficina. Y la casa se llenó aún más cuando Céline y David vinieron a vivir con nosotros mientras construían la suya. Céline estaba embarazada. Nathan nació el 12 de julio de 2006. Nos convertimos en abuelos, teníamos un nieto, y yo no podía ser más feliz. Durante unos meses más tuvimos bajo nuestro techo a un bebé que aprendía a sonreír. Todo iba bien. El negocio de Dominique funcionaba más o menos.

Me reía cuando me decía: «¿Otra vez con pantalones? ¡No te valoras lo suficiente! ¡No muestras las piernas lo suficiente!». Yo me reía, pero él no dejaba de insistir. Y lo mandé a paseo cuando me propuso grabar nuestras relaciones sexuales. No me alarmó. Algunas parejas querían darle un toque picante a su vida sexual, en la oficina oía a chicas hablando de este tipo de experiencias, y decían que después veían el vídeo con su pareja. Además, yo buscaba la compañía de mujeres diez años más jóvenes que yo, me gustaba su optimismo, su energía, y a veces, al escucharlas, me parecían más liberadas que yo, que me decía a mí misma que era demasiado recatada y reprimida. Las propuestas de Dominique se situaban en esa zona turbia donde el otro parece decirte que es más libre y no está tan cohibido como tú. Pero al final no dudaba en negarme.

Tenía la sensación de que nos iba bien, de que lo habíamos superado todo, las infidelidades, el paro, la bancarrota y la enfermedad. Un día, a Adrien, sobrino de Dominique e hijo de Joël, se le ocurrió la idea de que volviéramos a casarnos. Nos habíamos divorciado en 1999 solo por razones económicas y no habíamos pensado en casarnos de nuevo. Adrien insistió, jugó con el 7, mi número de la suerte, y sugirió el 7 de julio de 2007 para la boda. Le hicimos caso. Mucha gente nos animaba a hacerlo, nuestros hijos los primeros. Es difícil imaginarlo hoy, pero para los demás éramos una pareja modelo. Amigos y familiares nos veían reírnos juntos y bailar rock y Madison a la menor oportunidad, mientras que la mayoría de las personas de nuestra edad que llevaban mucho tiempo casadas daban la impresión de que apenas se soportaban. Caroline a veces decía que éramos eternos adolescentes. Me encantaba oírselo decir. Los hijos no suelen tener acceso a cómo eran sus padres antes de ellos. En nosotros aún era evidente la fuerza de nuestra unión.

Joël ofició la ceremonia en la sala de bodas del pequeño ayuntamiento de Charentilly, un pueblo de Indre-et-Loire construido alrededor de un castillo con torres redondas y tejados puntiagudos, rodeado de un gran parque. Incluso el entorno parecía inmutable. Muy cerca de Azay-le-Ferron. Pero el tiempo había pasado. La banda de alcalde en el pecho de Joël indicaba que ahora era una persona importante, lo que Dominique nunca sería y lo que los separaba desde la infancia. Jamás olvidaré el día en que Joël, entonces un joven médico, estaba de guardia. Su coche no arrancaba, le preguntó a su padre si podía prestarle el suyo, pero este se negó, así que Dominique le ofreció su dos caballos e incluso lo acompañó en su ronda. Fue con su hermano a las casas de los enfermos. Durante unas horas, se introdujo en su mundo. Solo por unas horas.

El día de nuestra segunda boda, los dos se habían convertido en hombres corpulentos y con el pelo canoso, pero Joël era alcalde desde hacía dieciocho años, médico y consejero del condado, mientras que Dominique aún soñaba con el ascenso social. Vivíamos al ritmo de sus esperanzas y de sus fracasos. Ese día, bajo la autoridad de su hermano, formalizaba simbólicamente su único éxito, lo que lo había reconciliado consigo mismo y con la existencia, alejado de la infancia, es decir, nosotros.

Después celebramos el acontecimiento en una casa de campo restaurada de Turena. Fue una bonita fiesta, una reparación, la boda que no habíamos tenido, la que mi suegro nos había confiscado treinta y cuatro años antes, como nuestros ahorros. Él ya no podía alcanzarnos, había muerto tres años antes y no lo echábamos de menos. Pero a mi padre sí lo echaba de menos. No hay día en que no piense en él. Le confesé muchos años después que el padre de Dominique nos había quitado el dinero, lo triste que me sentí en mi primera boda, que soñaba con esas mesas cubiertas con un mantel blanco que él había pedido, pero que preferí no decir nada. Me contestó que si lo hubiera sabido, no habría aceptado esa boda. Pero de todas formas yo no lo habría escuchado. No habría escuchado a nadie. Ese era el sentido de mi historia. Me casaba con el mismo hombre por segunda vez. Ya no cantábamos la canción de Michel Fugain, sino una aún más antigua de Édith Piaf: «*Dejadme a mi amor un poco más*».

Dos años después, Dominique ya no podía pagar a sus aprendices. La clientela se había desplomado tras la jubilación de su socio. No se las arreglaba solo. Me pidió cuatro mil euros. Solicité un préstamo. Pronto se quedó sin talonarios de cheques. Todas las luces estaban en rojo. Me las sabía de memoria. Temía por Florian, que oficialmente era el gerente de la empresa, no quería que empezara su vida perseguido por las deudas y los fracasos de su padre. Saqué una gran suma del crédito del que podía disponer en Sofinco, al 18 por ciento de interés. Dominique cerró la empresa un año después. Liquidó la sociedad. Tiró la toalla y se jubiló. Muchas de sus deudas estaban ahora a mi nombre.

No podíamos seguir en la casa de Noisy-le-Grand, el alquiler era demasiado caro para nosotros. Céline nos encontró a toda prisa un pisito en Villiers-sur-Marne. No era lo bastante grande para que Florian se quedara con nosotros, él tenía veinticuatro años, edad de marcharse, pero no le dimos la opción de que decidiera cuándo ni la libertad de decir: «Me voy». Se instaló con Aurore muy cerca de nuestro piso. Enseguida sentí que se distanciaba de su padre. Estaba resentido con él, y yo no conseguía entenderlo. A menudo decía: «He hecho todo lo que me habéis pedido», y era cierto, había corrido riesgos al convertirse en el testaferro de su padre, algo que entendió cuando los bancos analizaron las cuentas de la empresa. Pero había mucho más, ahora lo sé. Él había visto el tipo de búsquedas que Dominique hacía en internet, porque él se ocupaba de arreglar el ordenador cuando se bloqueaba, era el único que sabía hacerlo, y así había descubierto las palabras clave que su padre tecleaba en Google para buscar sexo. Esto se añadió a la vez que Aurore, su pareja, había pillado a Dominique masturbándose. Por eso ya no se reía, como todos, del correo electrónico de Dominique, ese «Fétiche45», que yo le decía que debería cambiar. Su padre, además de arruinarnos, se sumergía en la pornografía. Pero Florian no se había atrevido a contármelo.

Hoy sé que a Dominique lo pillaron grabando a mujeres por debajo de la falda en un supermercado cerca de nuestra casa ya en 2010, el año en que dejó de trabajar, y que los guardias de seguridad llamaron a la policía. No me enteré hasta 2023, gracias a la investigación. Demasiado tarde.

Si lo hubiera sabido, sin duda mi vida habría cambiado, lo habría mirado de otra manera, lo habría instado a ir a un psicólogo y me habría cuestionado su relación con las mujeres y conmigo. Y sí, habría estado tentada de perdonarlo, como lo estuve diez años después, cuando me confesó al bajar yo del tren lo que había hecho en el Leclerc de Carpentras. Pero habría encontrado una primera alerta en mi camino.

En 2010, la policía no creyó necesario efectuar un registro y la justicia consideró que no era tan grave filmar a mujeres por debajo de la falda, ya que le pusieron una multa de cien euros y lo soltaron. Por eso no me enteré de nada. Me marchaba a trabajar por la mañana y lo dejaba en casa. Él estaba jubilado, y yo pensaba hacerlo en dos o tres años. No había seguido a Séverine Brachet en sus nuevos proyectos, como me había propuesto, porque habría implicado viajar mucho, y no me apetecía, mi prioridad siempre había sido nuestra vida en común, nuestro hogar. Ahí medía el camino recorrido. Así que en EDF me ocupaba de formar a los que me sustituirían. Dominique y yo empezamos a hablar de adónde nos iríamos a vivir cuando me jubilara y a trazar caminos que nos llevarían a Mazan.

Todavía no éramos muy mayores, nos faltaba poco para cumplir los sesenta años, pero habíamos llegado a esa etapa en la que las cosas se alinean. Está lo que olvidamos, lo que preferimos olvidar y lo que los sueños nos dicen sobre nuestras angustias difusas, pero que no oímos, porque lo esencial está ahí, ya escrito. Si en ese momento hubiera tenido que dibujar la sombra que proyectaban nuestras vidas, habría sido la de una pareja inseparable, con sus tres hijos y sus nietos, la familia con la que había soñado.

En 2011, cinco años después de Nathan, nacieron Charlize y Clémence. Como David y Céline no encontraron plaza en ninguna guardería, nos pidieron que las cuidáramos. Dominique, que ya no trabajaba, se ocupaba de las gemelas los martes, miércoles y jueves, desde la mañana hasta la tarde. A veces nos divertíamos viéndolo ponerles los vestidos al revés. Me encantaba saber que estaba con sus nietas. Yo tenía muchas ganas de que llegara el viernes, cuando me tocaba cuidarlas a mí, y volvía feliz al calor de las niñas.

No sabía que mi marido había empezado a drogarme y a violarme delante de una cámara. Que lo haría años después, incluso mientras los niños pasaban parte de sus vacaciones en Mazan. Lo admitió ante el tribunal, esa noche no había invitado a nadie, me había drogado y violado mientras Nathan, Charlize y Clémence dormían en la habitación de al lado. Fueron ellos los que entraron en mi habitación para despertarme al día siguiente. Su abuelo les había pedido que me dejaran «dormir», pero les sorprendió que su abuela siguiera en la cama al mediodía. Me dieron palmadas en la cara para que abriera los ojos, pero fue en vano.

¿Acaso la sombra que proyecta mi vida no es más que un retorno perpetuo a ese momento en que un niño quiere despertar a su madre, y después a su abuela, de un sueño sospechoso que se asemeja a la muerte?

# 14

—¿Cómo cree que será el juicio que va a celebrarse? —me preguntó la jueza de instrucción Gwenola Journot.

—Me da miedo, no voy a negárselo. No sé cómo voy a reaccionar. No recuerdo nada, pero todo se materializará cuando los tenga ante mí.

—¿Quiere ver vídeos de los actos cometidos contra usted?

—No. No quiero quedarme traumatizada de por vida. Creo que, de alguna manera, sufriré una segunda violación si los veo. Si tienen que visionarlos en el juicio, saldré de la sala, no quiero verlos.

Era el 3 de enero de 2023. Según el acta, la vista estaba casi terminada. Stéphane Babonneau, mi nuevo abogado, estaba sentado a mi lado. Añadí que quería que el juicio se celebrara a puerta cerrada. «Por mi salud mental, evidentemente, prefiero no hacer comentarios y evitar todo contacto con la prensa, dejaré que mis asesores hablen por mí, quiero ser lo más discreta posible».

Qué extraño me resulta releer estas líneas hoy. Soy yo, me reconozco. Convencida de que el sufrimiento no debe manifestarse. Que debe ocultarse, tan sagrado como aquellos a quienes hemos perdido. Que debe endurecerse dentro de ti y endurecerte. Siempre había vivido así. E intentaba seguir haciéndolo sin darme cuenta de que esta vez no me enfrentaba a la muerte, sino a un veneno terrible que, a diferencia del duelo, destruye los recuerdos, todos, uno por uno, hasta alcanzar tu idea de ti mismo.

Ese día, la jueza me preguntó si Dominique me había contado alguna vez que a los trece años, cuando trabajaba en una obra, había presenciado la violación en grupo de una chica. Él le había hablado de ello, le había dicho que lo obligaron a participar y que los hombres le colocaron la cara en el sexo de la víctima. Fue como si la jueza me contara el desenlace de una historia cuyo final yo nunca había escuchado. Dominique había mencionado varias veces un recuerdo extraño, una obra en la que lo habían contratado gracias a su medio hermano André, que era carpintero. Él había empezado a trabajar, unos tipos habían intentado hacerle una especie de novatada, nunca me especificó en qué había consistido, solo me decía que se asustó y levantó el martillo que tenía en la mano amenazando con golpear al primero que se le acercara. Nunca me contaba nada más de ese episodio. Su mirada era triste. Yo sentía que se detenía antes del final, pero no le preguntaba nada. Así que nunca había oído hablar de esa violación en grupo de una chica. Pero no desentonaba con la idea que yo tenía de su juventud. Él estaba huyendo cuando lo conocí. Y no me sorprendió que ahora intentara remontarse a sus traumas infantiles para defenderse.

Sé que a la jueza le costaba entenderme. «Le da la sensación de que usted protege a su marido», me dijo Stéphane después. ¡No! Pero era muy doloroso haberlo visto expuesto a la brutalidad de los hombres que reinaba a su alrededor, haber sido su aliada, su amor, la llave de su liberación, y encontrarme allí, frente a sus delitos. Solo intentaba entenderlo.

La jueza pasó a otra cosa. Lo que le interesaba era el torturador. Entonces me cayó encima una avalancha de datos aterradores. Me dijo que, en un sórdido acto de reciprocidad, había violado a la mujer de uno de mis violadores, a la que habían dormido; que les instaba a todos a no utilizar preservativo e incluso que algunos de ellos se habían cruzado conmigo a propósito. Querían verme de cerca y me seguían al supermercado, Dominique les había dicho a qué hora y dónde iríamos a hacer la compra. Era asfixiante ver su monstruosidad desbordándose e invadiendo incluso los momentos más anodinos de nuestra vida. La jueza me mostró unas fotos y me preguntó si recordaba alguno de esos rostros. Claro que no, yo no sospechaba nada y recorría los pasillos del supermercado muy atenta a nuestro presupuesto, sin preocuparme de las personas que pasaban por mi lado. Tampoco retuve sus nombres cuando me los dijo. Me repugnaban sus caras de tipos corrientes. No quería saber quiénes eran, no estaba lista, aunque sabía que el momento de mirarlos a la cara estaba cada vez más cerca.

La jueza mencionó las palabras que uno de ellos le había dicho. Aseguraba que yo lo había consentido, que no podía ser que violaran a una mujer durante diez años sin que se diera cuenta, que lo había comentado con otras mujeres y que todas estaban de acuerdo con él. Era imposible no enterarse de nada cuando tantos hombres abusaban de ti. «¿Qué piensa usted?», me preguntó.

No sé por qué me pedía mi opinión. Seguramente para que me preparara ante su defensa. Yo no pensaba nada, solo sentía asco. Le contesté que lo que decía ese tipo era un insulto y que estaba dispuesta a tener un careo con él si así lo quería. Lo más triste es que esta idea circulaba por todas partes. Yo lo sabía, mis amigos me lo contaban. Y sin duda él también lo había oído muchas veces, por eso desdeñaba las pruebas y las imágenes, y apelaba con tanta arrogancia a lo que decían las mujeres.

Así que eso era lo que me esperaba.

«En el juicio voy a tener que pasar por esto con todos esos individuos, será intolerable», dije en el despacho de la jueza con un suspiro.

En esa época pensaba a menudo en las palabras de la forense que me había examinado al principio del caso. Me dijo algo así como: «¿Sabe qué? Cada vez que mi marido me trae cruasanes, me pregunto qué me está ocultando». Estoy segura de que estaba casada con un hombre maravilloso, pero me dio la impresión de que extendía la sospecha a su propia vida para protegerme. Para decirme que todas podemos equivocarnos. Ese día sintió que al dolor de lo que yo había descubierto, a la vergüenza de mi cuerpo convertido en un saco, se añadía la de no haberme enterado de nada, la de no ser más que una idiota a ojos de los demás y de mí misma. Ella sabía, por su profesión, que me dirigía a la soledad, a esa soledad que se cierne sobre las mujeres violadas.

¿Cómo impedir que dijeran que yo me daba cuenta de todo? ¿Cómo contar el miedo a morir, los doce kilos que había perdido, los ginecólogos y los tres neurólogos a los que había consultado y el escáner sin resultados? ¿Cómo explicar que yo no sabía que se podía amar y hacer tanto daño? ¿Cómo decir quién soy? Durante cincuenta años me había buscado en la mirada de un hombre. Y él en la mía, hasta querer extinguirla.

A él no le tenía miedo. Dominique era el líder de una repugnante hermandad de violadores, por supuesto, yo no lo negaba, pero lo conocía, así que lo aislaba de los demás. Estaba impaciente por enfrentarme a él, tenía mucho que preguntarle en nombre de nuestra historia, nuestra juventud, nuestros hijos y nuestra intimidad. Sobre todo porque al mismo tiempo la policía judicial de Nanterre continuaba su investigación. En las semanas siguientes a su encuentro conmigo habían hablado con Pascale y con Geneviève, la hermana de Dominique, y ambas me habían llamado para contármelo. Sé que también habían interrogado a Michelle, la mujer con la que él vivió durante unos meses. Buscaban. Registraban hasta el más pequeño rincón de su vida. Querían acusarlo del asesinato.

Unos meses después, durante las vacaciones de Semana Santa, se presentaron en la casa de Florian en Thenon, Dordoña. Yo estaba allí, había ido a pasar unos días con los niños. Volvieron a interrogarnos y nos mostraron la foto de un tipo al que le habíamos vendido un coche cuando vivíamos en Gournay-sur-Marne. Resulta que años después había acabado en la cárcel. No sabíamos nada de él. Antes de marcharse, cogieron la caja de herramientas de Dominique, que se había quedado Florian, pero no encontraron ninguna pista para su investigación.

A través de su abogada, Dominique había acabado pidiendo la exhumación del cadáver de la chica para que le hicieran una prueba de ADN. Quise verlo como un indicio de su buena fe. Lo necesitaba, sí. Y sí, escribo como si ya oyera los reproches de los que sospechan que lo justifico. Necesitaba decirme a mí misma que no había vivido con un asesino, y me aferraré a eso hasta que se demuestre lo contrario. Si las muestras decían que era Pelicot, si él acababa confesando, entonces sería Pelicot, nunca pondré en cuestión la verdad, solo quiero que se establezca.

Me protejo a mí misma. Las ilusiones que me quedan, por tenues que sean.

Cuando regresaba a la isla, cuando ningún juez o policía pedía verme, cuando volvía a mi soledad, cuando me obligaba a salir de mi dolor, a veces me dejaba arrastrar al Java des Baleines. Es una gran carpa instalada en Saint-Clément. Al anochecer tiene la majestuosidad de un viejo circo rodeado por el océano. Se puede tomar una copa o cenar escuchando música en vivo o viendo un espectáculo. He cantado y bailado allí con Françoise, Patrice, Eric y tantos otros, no para olvidar ni para enterrar a esa mujer a la que los psicólogos expertos consideraban sumisa, a la que los violadores llamaban mentirosa y a la que a la jueza le costaba entender, sino porque siempre me ha gustado bailar y cantar, y lo necesitaba más que nunca.

Una noche de junio me encontré sentada al lado de un hombre al que no conocía. Se llamaba Jean-Loup. Era un tipo sonriente, jovial y discreto a la vez. Me dijo que apenas salía. Por eso nunca había coincidido con él en la isla, aunque teníamos amigos en común, que supongo que se guiñaban el ojo, satisfechos y cómplices, mientras entablábamos conversación. Era uno de esos encuentros organizados por personas que quieren lo mejor para ti, y que no suelen funcionar. Pero su plan estaba saliendo a la perfección. Nuestras frases se encadenaban, poco a poco nos aislaban de las conversaciones de la mesa, y solo quedaban interrumpidas por breves silencios inquietantes.

Yo era la que hacía las preguntas. En la isla, la primera siempre es cómo llegamos allí. Jean-Loup me contestó que él y su mujer, Bénédicte, se habían ido a vivir a Ré, donde durante años habían pasado los veranos con sus dos hijos, después de jubilarse. Habían vendido su vivienda cerca de Versalles para comprar y reformar una casa grande. Estaban terminando las obras cuando de repente Bénédicte tuvo problemas de salud y los médicos le diagnosticaron una enfermedad degenerativa incurable. Jean-Loup entendió enseguida que no tendrían ese tiempo de jubilación y se encontró recordándole su nombre. Le había dado de comer, la había bañado, cuidado y apoyado todo lo que había podido hasta agotarse, hasta destrozarse él también la salud. Solo se había resignado a ingresarla en una residencia de ancianos porque sus hijos, preocupados por él, se lo habían aconsejado. Su mujer había muerto hacía seis meses.

Él no me preguntó nada. Solo me dijo: «Me enteré de tu historia por la prensa». La conocía. Patrice y Eric, que intuían que nuestros respectivos sufrimientos podían converger, le habían pasado un artículo de *Le Monde* antes de que nos conociéramos, habían querido evitarme el mal trago de contárselo. Me daba vergüenza que lo supiera, que hiciera suposiciones y que solo viera en mí a una víctima, a una mujer mancillada.

Pero mi miedo se desvaneció enseguida, no me preguntó nada y no me incomodó que no lo hiciera, teníamos cosas que contarnos, incluso triviales, y eso era precisamente lo agradable para dos personas heridas como nosotros. Esa noche, en el Java des Baleines ponían música disco. A veces, las letras de viejos éxitos que nos sabíamos de memoria se me colaban en la cabeza. A veces había que levantarse para pedir otra crepe, y en esos momentos yo ya deseaba que la conversación no se interrumpiera. Patrice y Eric habían hecho las cosas bien. Poco después fuimos los cuatro a Saint Martin-de-Ré a ver la ópera *Carmen* y a cenar, y Jean-Loup me acompañó a mi casa. Me dio un beso en los labios antes de dejarme marchar. Yo estaba feliz. Necesitaba volver a amar. No tenía miedo.

Sé que mi historia demuestra que a nuestro alrededor, dondequiera que estemos, hay un elevado porcentaje de violadores en potencia, sé que ha podido alimentar el asco a los hombres, pero en mi caso no ha sido así. He aparecido ante la opinión pública como una mártir. Si el calvario me hubiera dejado algún recuerdo, me habría reducido a eso y seguramente me habría matado. Pero yo me forjé en otro lugar. Creo que mi idea de la vida surgió con el último aliento de mi madre, cuando mi padre, inclinado sobre ella, murmuró su nombre mientras yo le apretaba el hombro suplicándole que se despertara. En ese instante sentí que su amor pasaba a mí, un amor infinito, más fuerte que la muerte. Esa sensación me salvó, me sostuvo y, teniendo en cuenta lo que viví después con Dominique, sin duda me desvió y me cegó. Pero aún me acompaña. No ha muerto. Yo no he muerto. Sigo confiando en ella. Fue mi gran debilidad, y hoy es mi fuerza. Mi venganza.

Ese verano me lancé. Había cierta indecisión, la maravillosa impresión de que todo estaba en el aire, como cada vez que empieza una relación, pero aún más. Yo temía lo que pudiera significar una nueva mujer para Jean-Loup. A él le preocupaba lo que pudiera representar un hombre para mí. Estábamos en alerta ante el dolor del otro. Íbamos a cenar y al cine, nos hacíamos gestos cariñosos y nos besábamos, pero no nos tirábamos al agua. Estábamos demasiado magullados. Un día le dije: «¿Sabes lo que me gustaría? Pasar una noche en tus brazos».

Fue él quien vino a mi casa. Ni siquiera cenamos. Estábamos impacientes. Y asustados, por supuesto. ¿Qué quedaba en mi piel de lo que me habían infligido? ¿Dónde estaba la huella, ya que no en mi memoria? ¿La vería Jean-Loup? ¿Pensaba en ello? Me daba cuenta de que él estaba siendo prudente, pero mi cuerpo buscaba la calidez de un abrazo, me llevaba a otro lugar, no recordaba. Todas las imágenes, todos los abusos y todas las cifras que circulaban no tenían cabida en mi habitación. Fue dulce, salpicado de carcajadas contenidas y sin duda de lágrimas derramadas en secreto. Yo tenía setenta años y solo había conocido a mi marido y a mi amante. Jean-Loup era el tercer hombre en mi vida.

Dejamos pasar un tiempo antes de que yo fuera a su casa, a la casa que él y su mujer habían imaginado para su vejez. Había una foto de ella en el salón. Yo no quería que la quitara. Me encantaba que me hablara de ella. De lo mucho que se había preocupado por ella. Me gustaba ese hombre que había cuidado de ella, tan brutalmente arrancada de sus seres queridos. Él parecía surgir de un paisaje mucho más lejano que la isla en la que nos conocimos, de una escena decisiva y fundacional de mi infancia, en el origen de mi dolor. Así fue como me enamoré de Jean-Loup.

Poco después empezó a tener alergias y luego momentos que parecían ataques de ansiedad. «Siento que estoy engañando a Bénédicte», me dijo. Le propuse tomarnos un descanso. Sé lo difícil que es dejar ir a los muertos. «No —me contestó de inmediato—. Me importas».

Era doloroso decir te quiero. Pero hablábamos mucho. Y caminábamos. El destino también le había regalado un pequeño bulldog, así que dábamos largos paseos, con nuestros perros delante de nosotros, el suyo más joven y alocado, el mío más sensato y cansado. Me gustaban los recuerdos de Jean-Loup, ampliaban mis horizontes, había sido auxiliar de vuelo y después jefe de cabina de Air France, había volado en el Concorde y había viajado mucho. Sus hijos habían seguido el mismo camino, su hijo Victor era piloto, y su hija Mathilde, azafata. Iban a verlo cuando no tenían que volar, y entonces yo desaparecía. No era necesario que me lo pidiera. Yo sabía muy bien lo que podía suponer mi presencia, que podía hacerles daño en un momento en el que sin duda seguían buscando el eco de su madre en su padre. Jean-Loup me llamaba en cuanto se marchaban. Había algo divertido, transgresor y adolescente en escondernos, en vivir como si la vida acabara de empezar. No podía durar, pero esas sensaciones nos unían mientras, en la isla de Ré, las malvarrosas perforaban la tierra y el asfalto, y se elevaban hacia el cielo con un deseo de existir comparable al nuestro. Había llegado el verano.

Mi hijo David y su mujer decidieron venir a pasar dos semanas con sus hijos. Me puse muy contenta. Los echaba de menos. No podía alojarlos, evidentemente, pero les alquilé un bungalow en uno de los bonitos campings de los alrededores. Contaba con esas vacaciones para recuperar la alegría de estar juntos a pesar del dolor. Y así fue. Creo que a Nathan, Charlize y Clémence les alegró la perspectiva de pasar las vacaciones en la isla. Una noche les hablé de Jean-Loup. Mi hijo se puso loco de contento y llamó a su hermana, que estaba a dos pasos, en su casa. «Ven a ver a mamá, tiene algo que decirte», la apremió. Ella vino. Creo que no se esperaba lo que le dije: «He conocido a alguien». Se quedó encantada y quiso conocerlo cuanto antes. Me sentí aliviada. Jean-Loup no estaba lejos, nadie está lejos en una isla. Ella le hizo mil preguntas. De repente parecía que todo se hubiera resuelto, él era el salvador, llenaba el vacío junto a su madre, ese abismo en el que estábamos empantanados. Él borraba un poco más del mapa a su padre.

Saboreé esos instantes de verano. Pero cuando, en noviembre de 2023, descubrí en *Paris Match* las fotos de mi segunda boda con Dominique, entendí que la demolición no había terminado. Yo estaba allí, borrosa, del brazo de Dominique, al que ya no habían pixelado. Yo estaba en todos los quioscos de Francia, empujada contra mi voluntad a la luz pública, con ese vestido de flores cuya tela había llevado a una costurera que vivía cerca de casa para que me hiciera algo elegante.

Sabía quién había proporcionado esas fotos a la revista: Joël, que nos casó ese día. De hecho, en el artículo lo entrevistaban. Se hacía llamar Thierry. Yo seguía siendo Françoise.

Solo Dominique era Dominique P. Su hermano mayor contaba lo felices que habían sido de niños, la libertad en plena naturaleza, las cabañas y la pesca de ranas. «He intentado encontrar el detonante que lo explique todo, pero no lo he encontrado. En nuestra infancia no noté nada. Dormimos en la misma habitación durante quince años y en la misma camita durante mucho tiempo», declaró a la revista.

Era para atragantarse. Él pasaba por alto la violencia y la depravación de su padre, las lágrimas de su madre, los años solitarios de Dominique, todo lo que me saltó a la vista la primera vez que entré en casa de los Pelicot. Joël siempre había defendido a su padre, le gustaba decir que si tuviera que viajar por el mundo, lo haría con él. Ahora hundía públicamente a su hermano para seguir defendiéndolo. Podría haberse callado, pero necesitaba unir su voz a la de todos los fiscales. Sin duda, así protegía su reputación y su éxito. En el artículo añadía que Dominique se había convertido en un tipo estirado, que vivía por encima de sus posibilidades y nunca le había devuelto las grandes sumas de dinero que le había prestado.

Cerré la maldita revista. Sabía lo que presagiaba. Aún no se había fijado la fecha del juicio, pero sería al año siguiente. Mis abogados, Antoine Camus y Stéphane Babonneau, estaban preparándose. Se reunían con mis viejos amigos y les preguntaban por Dominique, habían comprendido que para apoyarme tenían que escuchar todos los recuerdos, también los buenos, y entender qué tipo de pareja éramos. Yo insistía en eso. Sobre todo revisaban con atención el expediente, las confesiones y las negaciones de cincuenta y un violadores, habían minutado o pedido que les minutaran los vídeos, aunque les quitaran el sueño o traumatizaran a sus jóvenes colaboradores, pero me decían que era muy poco frecuente tener pruebas tan contundentes en los casos de violación. Yo seguía sin querer verlos. Esperaba impaciente las Navidades. Jean-Loup y yo iríamos a casa de David. Caroline y Pierre estarían allí. Lo que más deseaba era estar donde la vida continuaba, en sus aspectos más pequeños e importantes. Como si algún día pudieran quitárnosla.

Pero yo era prisionera de la luz demasiado violenta y cruda de los vídeos y las fotos de los que huía, mientras el resto de mi familia se asfixiaba en las sombras y la niebla en las que las revelaciones los habían sumido. No podíamos tomar el mismo camino para salir de allí. Seguramente por eso nuestras heridas no nos acercaban, y por eso, en los momentos que pasamos juntos, David y Céline no me contaron que Nathan había denunciado a Dominique por agresión sexual en julio, justo antes de que vinieran a la isla de Ré. Me lo dijo David mucho después. Sentí una explosión sorda dentro de mí, una más. Yo solo recordaba a un abuelo presente y cariñoso. Desde hacía cuatro años me caían encima relatos horribles, uno detrás de otro. Yo esperaba que la justicia nos ayudara, nunca había pedido otra cosa, que siguiera investigando, que buscara, esperaba que nos diera respuestas a todos. El juicio se acercaba. Caroline tenía dificultades con nuestra primera abogada, así que les pregunté a Stéphane y a Antoine si podían representarla, quería que estuviera bien acompañada. Se pusieron en contacto enseguida. Era una forma de prepararnos para ir juntos al juicio. Se estableció que la primera audiencia tendría lugar el 2 de septiembre.

El tiempo me parecía ahora una cuenta atrás. Habría querido desaparecer, no ver ni que me vieran, dejar que mis abogados se ocuparan de todo y hablaran por mí, y cuando llegara el día del juicio, enviar al otro lado de las puertas cerradas a mi doble, o al menos a una parte de mí, la que en un principio no había reconocido en las fotos que el suboficial Perret me había mostrado en noviembre de 2020, la que en la prensa se llamó Marie y después Françoise. Y que todo acabara, que me dejaran en paz, lejos del ruido, de la multitud, de los rumores y de los focos. Que Dominique se quedara en la cárcel y que ninguno de los demás saliera del juicio en libertad.

# 15

Y de repente, un día de mayo, cambié de opinión. Sucedió mientras caminaba. Ese día estaba sola y había tomado el camino del bosque con la intención de volver por la playa. La perspectiva del juicio se acercaba, habían fijado la fecha para el otoño. No dejaba de pensar en ello. Mis dos abogados y yo nos preparábamos. Ahora yo decía «los chicos» cuando me refería a ellos, era cariñoso, el reflejo de que estaban presentes en mi vida, aunque ellos mantenían cierto pudor y cierta reserva conmigo. En eso nos parecíamos.

Stéphane y Antoine me pidieron que leyera el escrito de acusación completo. Cuatrocientas páginas. Un verdadero compendio de todo lo que había oído y de lo que me había enterado en los últimos años. Esta vez ya no era posible asimilar la verdad poco a poco, como siempre había pedido, tenía que leerla de un tirón, diez años de violaciones con todo lujo de detalles. Jean-Loup me lo imprimió. Me negué a leerlo en el ordenador. Quería aislarme, acurrucarme en un sillón, en casa o fuera, con mis hojas sueltas. Empezaba con la larga lista de acusados. El nombre, la profesión y la dirección de cada uno de ellos. Marqué con rotulador fluorescente las fechas de nacimiento. 1997... 1988... Yo nací en 1952. Su juventud era un enigma. Un sufrimiento añadido. Después venían los hechos. Escalofriantes, de una crueldad sin límites. Y sin embargo, ausentes de mi memoria, muy lejos de lo que me es posible imaginar, casi irreales, aunque escritos negro sobre blanco en un lenguaje crudo y a la vez administrativo. Y esa mujer inerte a la que manipulan y se atreven a decir que lo consintió.

Se me encogía el estómago. Cada dos por tres dejaba las páginas para recuperar el aliento. Las fechas me dolían. Pensaba en el momento anterior, en el posterior, en el lugar donde nos encontrábamos y en lo que estábamos viviendo, que yo creía feliz. El día de mi cumpleaños, la Nochevieja que pasamos solos por primera vez, justo después de que nuestros hijos se marcharan de casa. Jean-Loup también lo leía. No me molestaba. «¿Cómo tu cuerpo ha podido soportar todo eso?», me preguntaba a veces. Escucharlo haciéndome esta pregunta sin respuesta era sumergirme en el horror, pero también verlo alejarse, oírme decir que había sobrevivido. Estaba lista para enfrentarme a él. Antoine y Stéphane no me ocultaban que la configuración del juicio también era poco habitual y fuera de lo normal para ellos: cincuenta y un acusados. Cincuenta hombres y el que fue mi marido. Una manada y Dominique.

A él, estaba impaciente por tenerlo frente a mí. En cuanto a ellos, me asustaba que fueran tantos. Y cada vez me preocupaba más la puerta cerrada de la sala, que se suponía que me protegería de las miradas, la prensa y los comentarios. Me dejaría sola frente a ellos. Me encerraría con ellos. Era una sensación vaga y difícil de expresar, no lo había comentado con nadie en las últimas semanas, pero cuanto más se acercaba el juicio, más me imaginaba convertida en rehén de sus miradas, sus mentiras, su cobardía y su desprecio. Pesaban sobre ellos acusaciones abrumadoras, pruebas como nunca antes. Pero cincuenta hombres se agolparían en la sala. Sus voces inevitablemente cubrirían la mía. Y luego sus ojos, todos juntos. Sus hombros, uno al lado del otro, como un muro ante mí. ¿No estaba haciéndoles un regalo? ¿No los protegía al cerrar la puerta?

Nadie se enteraría de lo que me habían hecho. Ningún periodista estaría allí para describirlos y decir sus nombres junto a sus delitos. Ningún desconocido se acercaría a mirarlos preguntándose cómo reconocer a un violador entre sus vecinos y colegas, cuando es tan fácil reclutarlos. Sobre todo, ninguna mujer podría entrar y sentarse para no sentirse tan sola. Si yo no me había dado cuenta de nada, seguro que les había sucedido a otras. Así, ante la mirada de los jueces, solo estaríamos mis hijos, Antoine, Stéphane y yo frente a una horda más sus cuarenta y cinco abogados.

Sin embargo, yo había deseado fervientemente que el juicio se celebrara a puerta cerrada. Se lo había repetido a la jueza unos meses antes. Ni siquiera lo había hablado con mis abogados, porque para mí era obvio. De hecho, le dije que no a mi primera abogada cuando me planteó la posibilidad de un gran juicio público sobre la violencia contra las mujeres. Lo descarté, me negaba a que mi vida con Dominique se expusiera en público. Tenía que hacerse justicia sin que los focos se centraran en mí, no quería ser la víctima, la pobre mujer, esa no era yo, la que yo quería ser.

Ese día, cuanto más caminaba, más aumentaban mis dudas. Si Dominique fuera a estar solo en el banquillo, yo querría un juicio a puerta cerrada, seguro, pero ¿ahora? Una avalancha de preguntas me saturaba la mente, una extraña mezcla de ansiedad, ira y confianza en mí misma. Ahora yo era más fuerte, ya no era la mujer que lo había perdido todo. Vivía con Jean-Loup, y el recorrido de mi paseo me llevaría de vuelta a su casa, que ahora era la nuestra. Unos meses antes todavía me escabullía, conocía a sus hijos, pero desaparecía y no me quedaba mucho tiempo cuando venían. El día que su hijo cumplió treinta años, yo me había retirado a mi casita. Victor me llamó, quería que estuviera allí. Y sobre todo yo tenía a mis hijos. El verano que habíamos pasado juntos y después el fin de año parecían haber suavizado nuestra relación. Mi familia se recomponía. Me alegraba que habláramos más a menudo, que me contaran cómo les iba, y volvía a oír las voces de mis nietos, a los que echaba mucho de menos. Creía que por fin nos estábamos recuperando. Cada uno instruía el proceso del padre y del marido a su manera y en privado, pero iríamos juntos al juicio y buscaríamos, si no un sentido a todo lo que nos había pasado, al menos una forma de concluirlo.

Había llegado a la playa. El aire del mar se vuelve más intenso al instante, te llega a lo más profundo de los pulmones, te expone a los elementos y te hace sentir pequeño pero vivo. Sentí físicamente que necesitaba al resto del mundo. Ya no quería estar sola. Muchos desconocidos me habían hecho bien y me habían acogido cuando no me quedaba nada. Ya no temía las miradas, no temía que se supiera. «La vergüenza debe cambiar de bando». Estas palabras, que llevaban más de diez años acompañando a las mujeres víctimas de violación y violencia, y que había oído, se instalaron en mi mente como un estribillo, como si de repente pequeñas cuchillas afilaran mis pensamientos. Todo el mundo tenía que ver a los cincuenta y un violadores. Eran ellos los que tenían que agachar la cabeza. No yo. Subí la duna, que termina en un pequeño promontorio, y luego la costa es más accidentada, ahí termina el paseo y hay que tomar el camino hacia la casa de Jean-Loup. Pero me quedé un momento en lo alto de la arena, con la mirada perdida en esa línea donde se encuentran el cielo y el mar, y supe que tenía que abrir la puerta del juicio.

Cuando volví, Jean-Loup estaba poniendo la mesa. Le dije que había decidido no celebrar el juicio a puerta cerrada, como la ley me proponía. Me contestó en tono muy tranquilo que la decisión era mía y que me apoyaba. Como si lo hubiera visto venir.

Después de comer llamé a Stéphane.

«¿Está segura, Gisèle?», me preguntó, sorprendido por mi cambio de opinión.

Me llamó más tarde con Antoine, y los dos me pidieron que me lo pensara. Me dieron una semana. Pero mi decisión estaba tomada. Me liberaba. Se la confirmé al día siguiente. Llamé a Caroline de inmediato. Se quedó encantada, ella no había olvidado esta posibilidad, que nuestra primera abogada había planteado años antes. David y Florian también estuvieron de acuerdo. No imaginábamos la tormenta que se avecinaba, por supuesto, era imposible preverla. Además, yo no la quería. Decidimos que yo me quedaría en la audiencia durante las dos primeras semanas, y que a partir de entonces solo hablarían mis abogados y sus colaboradores. Era a esos cerdos a los que quería poner en el foco, no a mí. Cuando no estoy bien, me escondo.

Hoy, cuando pienso en el momento en que tomé esta decisión, me digo que si hubiera tenido veinte años menos, quizá no me habría atrevido a abrir la puerta. Habría temido las miradas, esas malditas miradas con las que una mujer de mi generación siempre ha tenido que lidiar, esas malditas miradas que por la mañana te hacen dudar entre un pantalón y un vestido, que te siguen o te ignoran, que te halagan y te avergüenzan, esas malditas miradas que se supone que te dicen quién eres, lo que vales, y que a medida que envejeces te abandonan. Era exactamente la fibra que tocaba Dominique cuando me decía que debería alegrarme de que mi marido siguiera deseándome cuando me hacía fotos saliendo del baño. Sin duda yo era un poco sensible a eso. Es una tontería, pero éramos así, personas más libres, mujeres más autónomas, pero que siempre temían que las abandonaran o necesitaban que las salvaran. Quizá la vergüenza desaparece con más facilidad cuando tienes setenta años y ya nadie se fija en ti. No lo sé. No me daban miedo mis arrugas ni mi cuerpo. Yo amaba y Jean-Loup me amaba. Mi felicidad también influyó.

«Esto lo cambia todo, Gisèle —me dijeron mis dos abogados—. Tendremos que prepararnos de otra manera». Luego me explicaron que los medios de comunicación se harían eco de la reproducción de los vídeos y los comentarían ampliamente, porque nunca en la historia de la justicia se habían proyectado imágenes de este tipo y en tales proporciones ante un tribunal. Por eso yo tenía que verlos antes, tenía que prepararme para que no me explotaran en la cara durante el juicio.

No lo había pensado. Había supuesto que podría salir cuando mostraran los vídeos, tanto si el juicio era a puerta cerrada como si no. Pero ya no podía evitarlos. Era imposible que la multitud los viera y yo no.

Cuando llegó el día, me senté en el estudio delante del ordenador. Jean-Loup se encargó de los ajustes técnicos, y después le pedí que se marchara y que me jurara que nunca vería lo que yo estaba a punto de ver. Cerró la puerta al salir. Yo sabía que se quedaría cerca por si lo llamaba.

Stéphane estaba al teléfono desde su despacho de París. Tampoco lo quería a él ni a nadie a mi lado cuando los viera. Quería estar sola. Él estaría presente a través de la voz. Me enviaría los enlaces de los vídeos, uno detrás del otro.

Abrí el primero.

Vi a la mujer muerta en la oscuridad.

Roncaba fuerte.

Vi sus manos atadas.

Sus pies también.

«Si no puede más, paramos», me dijo Stéphane.

Le dije que continuáramos.

Me envió otro vídeo.

Luego otro. Cada vez me detallaba lo que iba a ver.

Vi cómo le abrían la boca. La vi asfixiarse, ahogarse. Y el marido y el violador no se detuvieron.

Vi a unas bestias.

Los oí susurrar.

Vi un calabacín.

Oí a Dominique murmurar: «Despacio».

Lo vi violarme.

Dominique, todopoderoso en los bajos fondos del alma humana.

Mi cuerpo, cubo de la basura de sus fantasías.

Castigado por lo que le negaba. Arrojado inconsciente al foso de los hombres.

Mi cuerpo torturado.

No era yo.

Me pasó a mí, pero no era yo.

Me lo repetía una y otra vez, no como el primer día en el despacho del suboficial Perret, cuando mi cerebro se bloqueó ante la evidencia. Ahora mi cerebro funcionaba. No recordaba nada de lo que veía. No habitaba ese cuerpo. No era más que una carcasa. Mi carcasa. Una muñeca de carne y hueso.

No veía mi vida en ella. La habían ahuyentado, sacado de ese cuerpo. No sé dónde estaba, dónde se escondía. ¿Debajo de la cama, como yo en mis pesadillas, esas pesadillas de hace tanto tiempo que me avisaban de que unos hombres vendrían a buscarme a mi habitación?

A menos que me hubieran destrozado la vida.

Que me volvieran loca.

Que acabaran matándome.

Pero estaba allí, viva y rígida delante del ordenador.

Espectadora de mi pasado, de mi cuerpo filmado por Dominique para gozar y que otros gozaran de una mujer convertida en un despojo.

Ahora, por fin, las imágenes se volvían contra ellos.

Yo sabía quién era.

Quise llegar hasta el final. Vi todo lo que Stéphane tenía previsto mostrarme. No sabría decir cuánto tiempo duró.

Salí del estudio. Le dije a Jean-Loup: «No te enfades conmigo, voy a dar un paseo, necesito estar sola». No quería que me abrazara. Lo evité. Hui de su apoyo, su hombro, su ternura y sus gestos dispuestos a acoger mi dolor. No quiero que salga, no quiero derrumbarme. Si muestro la magnitud de mi dolor, de todos mis dolores, me ahogo en ellos. No tengo otra opción que ser invencible.

Jean-Loup me vio marcharme.

Tomé de nuevo el camino del bosque. Se me saltaban las lágrimas. El viento las secaba. Pero otras resbalaban ya por mis mejillas. Y el viento volvía a soplarme en los ojos, a barrer mi vergüenza y a consolarme.

No era yo.

Esa mujer entre el sueño y la muerte no era yo.

Caminé un buen rato. Hasta que dejé de llorar. Y volví a casa a comer.

# 16

La noche caía lentamente en ese primer día de septiembre. Compartíamos pizzas en el patio de la casa que Jean-Loup había alquilado para nosotros en Verquières, a unos quince kilómetros de Aviñón. Mis hijos estaban allí, y nuestros abogados y sus colaboradores también, parecíamos un equipo. Había ido tomando forma poco a poco antes del verano, cuando todos sentíamos que se acercaba la fecha. Florian, descontento con los reproches de su hermano, se había esforzado por reconciliarse con David, habían quedado y habían hablado en presencia de Aurore, Céline y Nathan. En junio nos reunimos todos en el despacho de Antoine, en los Campos Elíseos. Ese día, nuestras tensiones aún eran palpables, pero teníamos tantas preguntas, tanta necesidad de apoyo y de prepararnos para el juicio, que sentíamos que debíamos acercarnos y hacer frente común. Antoine y Stéphane nos explicaron que, aunque la demanda no nos colocaba a todos en pie de igualdad, ya que se centraba en la sumisión química y las violaciones que yo había sufrido, la justicia podía reconocernos a todos como víctimas y permitirnos sentarnos en los bancos de las partes civiles durante el juicio. Me alivió oírlo expresado de esta manera. Yo también insistía en ello. Debían escuchar y saber lo que estábamos pasando todos. Caroline y Florian ya se habían constituido como parte civil, pero David aún no. También tenían este derecho Céline y Aurore, fotografiadas sin su conocimiento en la intimidad, y Pierre, mi yerno. Él decidió no presentarse como parte civil, lo que no disminuía en absoluto la magnitud de su angustia, estaba muy unido a Dominique y se sentía profundamente traicionado. Stéphane y Antoine añadieron que sus hijos, mis nietos, también eran víctimas, que ellos podían representarlos y que podían asistir al juicio si sus padres así lo deseaban. Al escucharlos hablar así, sentí que nuestros lazos se estrechaban. Y al advertirnos que la experiencia sería larga y difícil, que la defensa recurriría a todos los medios que tuviera a su alcance, nos ofrecían un marco, un espacio común. «Estamos aquí para apoyar a nuestra madre», le aseguró David. Nunca lo olvidaré. Fue bonito escuchar palabras que me llevaban de vuelta a la familia que habíamos sido durante tanto tiempo. Estábamos encontrando los recursos para afrontarlo juntos.

En las semanas siguientes, mis hijos decidieron que sus hijos también serían partes civiles, y de este modo los reconocerían como víctimas en el juicio. Entonces todo adquirió forma. Además de a mí, Antoine representaría a Caroline y a Florian, y Stéphane sería el abogado de David y Nathan. Así, en nombre de nuestro dolor, pero también a pesar de él, formamos ese equipo que estaba tan inquieto el día antes del juicio. Todo sería difícil, las cámaras, las miradas dirigidas a nosotros, cuyos rostros nadie conocía, todo nos resultaría extraño, excepto Dominique en el banquillo de los acusados.

«¿Tiene gafas de sol, Gisèle? —me preguntó Stéphane—. Tendrá que protegerse los ojos. Van a disparar por todas partes».

A la mañana siguiente me puse las que tenía, unas gafas redondas baratas que había encontrado en un expositor un día que hacía mucho sol. Fuimos al hotel donde se alojaban nuestros abogados y después caminamos juntos hacia el juzgado. Yo avanzaba entre Stéphane y Antoine, soltando algunas frases y sonriendo para romper el silencio y aliviar la tensión. Mis hijos nos seguían con Jean-Loup. Enseguida se perfiló el edificio, la multitud, y una hilera de cámaras y de micrófonos se recortó a lo lejos. Jean-Loup se apartó, no debía aparecer. Él era mi secreto y mi futuro, y yo me dirigía hacia mi pasado.

Ya nos estábamos acercando. Las cámaras y los fotógrafos no se interpusieron en nuestro camino, se quedaron en la acera, a una distancia respetuosa. «No los mire», me dijo Stéphane. Yo no los veía, todo estaba borroso a mi alrededor. Mantuve el rostro impasible. Dejé que filmaran a la mujer que durante diez años había sufrido doscientas violaciones en grupo por iniciativa de su marido, a la mujer que me esforzaba en no ser desde hacía cuatro años, a la mujer a la que no quería verme reducida, pero que invadiría las pantallas y los periódicos al día siguiente. No miré a nadie, no oí nada, me presenté ante el público como un robot, aterrorizada y decidida a la vez, rodeada de mis hijos y de mis abogados. Subí los escalones del juzgado intentando quedarme en mi burbuja. Al ruido de los fotógrafos disparando se sumaron los pitidos de la puerta electrónica, y luego el eco del juzgado, los pasos y los murmullos, seguimos avanzando, nadie sabía aún que íbamos a pedir que el juicio no se celebrara a puerta cerrada. Era nuestra arma secreta, mi decisión, y aun así tenía miedo, cuanto más me acercaba a la sala, cuanto más me acercaba a los violadores, más miedo tenía, pero no debía dejar que se me notara.

Y los vi, en su mayoría ya sentados en la sala del juicio. Treinta y cuatro de ellos seguían en libertad. Algunos llevaban mascarilla y otros se habían cubierto la cabeza con una capucha, sus nombres ya eran públicos y estaban rabiosos. Un ballet de abogados con toga negra daba vueltas a su alrededor, parecían estar juntos, unidos, y ocupaban toda la sala. Era la más grande, pero me pareció muy pequeña, y ellos muy numerosos. Cuando me senté en los bancos que nos habían asignado, seguía muy cerca de ellos. No agachaban la mirada, me desafiaban. Iban a declararse inocentes.

Después, escoltados por la policía, entraron los demás acusados, a los que habían encarcelado tras su detención. Observé llegar a Dominique antes de que él me viera a mí. Habían pasado cuatro años y vi a un hombre desmejorado, que caminaba apoyándose en un bastón. Se detuvo junto al cristal del banquillo de los acusados para sentarse. Me recordó a Jean Gabin en *El affaire Dominici*. Cuando por fin se orientó en la sala, me vio, nuestras miradas se cruzaron sin evitarse, la suya era sombría, cargada con el peso de la confesión, y luego miró a nuestros hijos, sentados a mi lado. Casi en ese instante, Stéphane me entregó el documento que había formalizado nuestro divorcio unos días antes. Me dijo que solo tenía que firmar. Yo había tirado mi anillo de boda en Mazan, al día siguiente de enterarme de la verdad, pero me habría gustado firmar el documento en la misma sala que él, aunque hubiera tenido que trasladarme a la cárcel, habría querido algo más solemne para deshacer el día que nos casamos.

Su abogada, Béatrice Zavarro, vino a saludarme. «No le regale nada», me susurró. Era Dominique quien hablaba a través de ella. Con esta sencilla frase entendí que la línea que yo llevaba semanas trazando entre él y los demás acusados se prolongaría en la sala. No tendría que enfrentarme a él, reconocería todo el daño que había hecho. Yo esperaba interpelarlo, interrogarlo, oírlo responder a su hija, pero no tendría que luchar contra él. Contra los demás, sí.

Un timbre estridente anunció la llegada del tribunal. Nos levantamos. Ya en su silla y después de haber dejado atrás las formalidades, el presidente del tribunal, Roger Arata, se volvió hacia mí y hacia mis abogados y nos preguntó si habíamos solicitado el juicio a puerta cerrada. Stéphane se levantó y le contestó que su cliente no lo quería. El silencio invadió la sala. La sorpresa paralizó todos los rostros. El del presidente del tribunal, un magistrado de bigote canoso, claramente molesto por nuestra decisión, que rompía con sus costumbres. Los de mis agresores se descompusieron y se endurecieron, y también los de sus abogados. Exigieron a gritos que el juicio se celebrara a puerta cerrada. Para nuestra sorpresa, los fiscales también lo solicitaron. Stéphane volvió a intervenir para explicar que yo insistía en que el proceso fuera público y que, según la ley, esa decisión le correspondía a la víctima. Así que el presidente del tribunal ratificó mi decisión, la fiscalía la aceptó y los abogados defensores echaron espuma por la boca. Estaban rabiosos. Stéphane me había advertido que me lo harían pagar. Estaba preparada.

Mi abogado había venido a nuestra casa en julio y me había pedido que escribiera, que contara mi historia, mi matrimonio y mi familia. Me hizo rehacer la primera versión. «Hábleles también de su infancia, es necesario que todo el mundo sepa quién es usted». No se me había ocurrido que eso pudiera interesar a alguien, pero volví a escribirla. Después tuve que practicar para hablar en público.

—No, deje los papeles, Gisèle, parece que está recitando. Irá al estrado sin apuntes —me dijo.

—No lo conseguiré.

—Aíslese y póngase en situación.

¡Cuántas veces había oído estas palabras durante el verano! Stéphane se marchó, por supuesto, no podía quedarse con nosotros indefinidamente, y yo seguí practicando sin apuntes, con Jean-Loup frente a mí en el papel de presidente del tribunal. De repente, a mediados de agosto, mientras Stéphane me escuchaba desde la distancia, las palabras salieron tranquilamente de mi boca, desgrané los peores días de mi vida, conté la precipitada marcha de Mazan, la llegada a la estación de Lyon y, como siempre en ese momento concreto de la narración, me eché a llorar. Stéphane me dijo que no pasaba nada si me rompía en el juicio, que todo el mundo entendería que me embargara la emoción.

«No, Stéphane, no, no quiero llorar. No lloraré cuando llegue el día».

Y no derramé ni una lágrima el 5 de septiembre, el día de mi primera intervención en la audiencia. Relaté mi vida como esposa y madre feliz, y después el colapso, el descenso al infierno cuando me enteré de lo que me había hecho mi marido.

El tribunal ya lo sabía, tenía ante mí a magistrados profesionales que sin duda habían leído mis declaraciones a la jueza de instrucción, pero yo debía encarnarlo, decirlo alto y claro, expulsar de esa sala todos los escenarios descabellados y abyectos que la defensa estaba a punto de esgrimir. Un ejército de abogados se revolvía con impaciencia, yo me preparaba, iban a insinuar que lo había consentido, que era cómplice de los juegos de mi marido o simplemente una borracha. Stéphane, a mi lado, me preguntó si estaba pasando demasiado rápido por el deterioro de mi salud, mis pérdidas de memoria, mi miedo a morir y los diez años de médico en médico. No debía olvidar nada, ningún detalle, y tenía que contar la abismal sorpresa de aquella mañana del 2 de noviembre de 2020 en la comisaría de Carpentras, el dolor de dar la noticia a mis hijos y la pesadilla que vivíamos desde entonces. Tenía que aprovechar cada minuto que me concedían, porque, aunque yo era el objeto de ese juicio, no sería la voz del cuerpo del delito, que pronto aparecería desnudo en las tres pantallas instaladas en la sala para ver los vídeos. Había pasado el verano practicando para hablar en público, pero durante cuatro meses básicamente escuché.

Escuché a los abogados defensores pedir que no se dijera la palabra «violación» en nombre de la presunción de inocencia. Uno de ellos sugirió «relación sexual», y el presidente del tribunal propuso «escena de sexo». Me hervía la sangre. No tenía derecho a reaccionar desde mi banco. Tuve que contenerme. Todo el tiempo. Contenerme, dejar hacer a mis abogados, volver a contenerme cuando el presidente del tribunal le preguntó a un médico si mis secreciones vaginales eran una señal de placer, cuando una abogada le soltó con una risa burlona a la forense que había ido a testificar sobre la gravedad de mi estado: «¡Nos va a hacer llorar por la señora Pelicot!». No escribo su nombre, ni el de sus colegas, ni el de los acusados. No es por consideración hacia ellos, ya que su identidad es fácil de encontrar en la prensa y en los archivos judiciales. Quiero que solo sean oradores oscuros, papagayos de hombres mezquinos, violentos y cobardes, quiero que solo quede la esencia de lo que se dijo con la intención de pisotear a una mujer reducida a la sumisión total en nombre de un orden masculino, y por lo tanto a todas las mujeres.

—Vi a una mujer muerta en su cama. Pero cuando la toqué, estaba caliente. No le vi la cara —dijo uno de los acusados.

—Pero cuando ella se ahoga con su sexo en la boca, ¿no lo ve? —le preguntó el presidente del tribunal.

Un experto dijo que, dada la violencia de la escena, yo podría haber muerto. No recuerdo en qué momento del juicio ni en qué orden. No importa.

«No tenía tiempo para elegir y cogí lo que tenía a mano. No soy un violador, pero si hubiera querido violar, no habría elegido a una mujer de cincuenta y siete años, habría elegido a una más guapa», dijo otro.

Escuché. Aguanté.

Pasaba junto a ellos cuando se suspendía la sesión. Los oía hablar sin bajar la voz, impulsados por una camaradería masculina, los veía aplaudirse, ir juntos a la cafetería de enfrente a la hora de comer, charlar en el bar, invitarse a cervezas, reírse, la convicción de que no habían hecho nada malo los unía. Pero no se parecían entre sí, algunos sabían expresarse y otros no eran capaces de hilar dos frases coherentes en el estrado, había viejos, calvos y barrigones, y jóvenes musculosos, uno de ellos siempre mascaba chicle, y otro había traído a sus amigos policías para que lo apoyaran, pero todos tenían algo en común: los aires que se daban. Una actitud indiferente a todo lo que se pudiera decir y pensar, porque la fuerza estaba de su lado desde siempre.

Cuando negaban que se tratara de una violación, cuando decían que no sabían nada de mi estado, mis abogados solicitaban que se mostraran los vídeos. El presidente del tribunal los describía antes de reproducirlos. Entonces yo vislumbraba la silueta de Jean-Loup saliendo discretamente de la sala, le había hecho prometer de nuevo que no vería nada. Mis hijos, si estaban allí, abandonaban los bancos, se lo había pedido y el presidente del tribunal les dejaba tiempo para salir. Después las pantallas empezaban a crepitar, yo bajaba los ojos y miraba mi teléfono, pasaba fotos de mis nietos, del océano alrededor de la isla de Ré e incluso de los paisajes del Mont Ventoux que veíamos desde Mazan. Llevaba mi cerebro a refugios. Pero oía mis ronquidos de mujer sedada resonando en la sala y me sentía incómoda, me molestaba que todo el mundo los oyera, me moría de vergüenza, la vergüenza de las mujeres, que deben dejar los ronquidos a los hombres, aunque en la pantalla me estuvieran torturando. También oía las voces, los murmullos de los acusados en plena acción en el dormitorio, era doloroso, pero desmentían estrepitosamente las excusas que se inventaban en la audiencia. Decían que tenían miedo, que Dominique los manipulaba, que estaban bajo sus órdenes tiránicas y que no tenían otra opción. «Muévele la pierna», susurra uno de ellos a Dominique para penetrar mejor a la mujer inconsciente. Recuerdo pulgares levantados y elogios del marido: «Muy bien». Hombres en plena actuación.

Mi amiga Pascale vino a sentarse a mi lado para apoyarme. Me apretó el brazo. Le retiré la mano suavemente y la aparté. Como siempre, huía del abrazo de las personas que me querían. Ella se disculpó y le dije que no pasaba nada, pero que no quería sentir su estrés, si lo añadía al mío me arriesgaba a hundirme. Quería afrontarlo sola, sentada detrás de mis abogados. Una semana después de iniciado el juicio, mis hijos habían tenido que retomar su vida y sus obligaciones, y era normal. Volverían.

Los medios decían que me mostraba «digna». Esta palabra se repetía una y otra vez. No sé si es la adecuada. Tenemos derecho a derrumbarnos, incluso parece que las lágrimas liberan. Pero yo no sé llorar en público. Lo dije en el juicio. Como muñecas rusas encajadas una dentro de otra, yo llego después de mi abuela, vestida de luto, mi madre, que me sonríe aunque se acerca su muerte, y mi padre, con su rigidez militar. Aguanto.

Sin embargo, con el paso de los días, los ataques, las insinuaciones y las humillaciones, yo temblaba bajo mi coraza. A veces me aferraba al banco. Antoine y Stéphane estaban delante de mí, pero mirando hacia la sala, reaccionando cuando era necesario, y no podían ayudarme. Respirábamos un poco a la hora de comer, nos reuníamos en un restaurante de Aviñón que se había convertido en nuestro comedor, preparábamos lo que vendría después, pero también nos reíamos de las barbaridades que habíamos oído. Risas nerviosas, de supervivencia. Por la tarde, cuando salíamos por fin, me alegraba de estar de vuelta y llevar a mi perro al campo detrás de la casa que habíamos alquilado. Ya no tenía el bosque ni la playa para dar largos paseos. Y salía en todas las cadenas de televisión. Me faltaba el aire. Ya no encontraba un espacio en el que no fuera esa mujer violada, me sentía invadida, oprimida, y echaba de menos las protecciones que había construido en los últimos años. Por suerte, Jean-Loup estaba allí, pero me daba cuenta de lo difícil que era para él también. De mutuo acuerdo, al final aceptamos la ayuda que nos había ofrecido la Asociación de Mediación y Ayuda a las Víctimas de Aviñón, que gestionaba la oficina de ayuda a las víctimas. Hay una en cada tribunal judicial, que puede simplemente proporcionar información u ofrecer apoyo real. Así fue como Anne-Sophie Langlet vino a sentarse a mi lado en la sala. Era una joven muy amable que me hablaba, me escuchaba, me distraía o me daba explicaciones. Cuando ella no estaba, Candice Del Degan, la directora de la oficina, la sustituía para no dejarme sola. Las dos conocían bien los rituales de los juzgados. «Es normal, así son las cosas, siempre es así», me tranquilizaba Anne-Sophie. «Por supuesto que los condenarán», me prometía. A veces me cogía de la mano durante los vídeos, y yo no se lo impedía. Cuando su palma estaba en la mía, no sentía que toda mi vida se me escapaba, como con mis hijos, una buena amiga o Jean-Loup. Era un gesto profesional. Solo estaba pasando por un mal momento.

No recuerdo el día exacto que oí los primeros aplausos al entrar en el juzgado. Sentí a la gente a mi alrededor, sobre todo mujeres, formando una guardia de honor que yo no había imaginado ni solicitado. Sentí su calidez, su emoción, su fragilidad entrelazándose con la mía. Creo que fue a mediados de septiembre, porque acabábamos de cambiar de planes, habíamos prolongado el alquiler de la casa y nuestros abogados habían cancelado todos sus compromisos posteriores. Habíamos decidido quedarnos los cuatro meses del juicio. No podíamos limitarnos a estar allí las dos primeras semanas y volver para los alegatos, como habíamos previsto en un principio. Algo estaba pasando. La historia estaba adquiriendo una magnitud con la que no habíamos contado y cada día eran más los medios de comunicación extranjeros que venían a cubrir el juicio. Así que tenía que encarnar ese cuerpo torturado del que se hablaba, enderezarlo con mi presencia, darle voz, mirada, conciencia, también elegancia, todo lo que las violaciones intentan destruir. Y sobre todo estaba esa multitud, esas mujeres... Mañana, tarde y noche hacían cola para tener la oportunidad de encontrar sitio en la sala adicional abierta al público, se quedaban delante del juzgado una vez terminada la audiencia, sin decidirse a volver a su casa, donde sin duda les esperaban mil cosas, recados que hacer, sus hijos quizá, todas esas obligaciones que nos hacen correr de un lado a otro, pero esta vez no, no parecían tener prisa por regresar a sus vidas. El juzgado de Aviñón era de repente un punto de reunión del dolor. Incluso se había convertido en una dirección a la que escribirme. Pronto, cada noche me entregaban cartas. Al llegar a casa, Jean-Loup abría los sobres con un abrecartas, y yo descubría con él las historias que me contaban mujeres desde el otro extremo del país. Prefería leer sus cartas en lugar de la prensa, me ofrecían la oportunidad de escuchar.

Porque no podía detenerme a saludar a las mujeres y los hombres que se acercaban al juzgado, tenía que seguir adelante, sin hablar, mientras tantas cámaras y micrófonos nos rodeaban, avanzaba al ritmo de mis abogados. ¿Cómo decirles a las mujeres que me esperaban y me agradecían una valentía que yo no reivindicaba que su presencia fuera suavizaba lo que sucedía dentro, que la historia secreta que venían a testimoniar en la calle era una respuesta a la negación de los hombres que se pavoneaban en la sala? Renuncié a la máscara de los primeros días, me quité las gafas para mirarlas a los ojos y les sonreí para hacerles saber que ahora ya no me sentía tan sola. «Gisèle, deje de sonreír, concéntrese», me recordaba Stéphane, muy tenso y protector. Estaba librándose una batalla de imágenes. Si yo estaba radiante, si llevaba un vestido nuevo, la defensa lo utilizaba de inmediato en mi contra para minimizar el trauma y el delito.

En la sala fui acostumbrándome poco a poco al hacinamiento, a la proximidad de los violadores y a sus ojos, que parecían decir: «¿Qué te has creído?». Les sostenía la mirada. Esos tipos querían destruirme, pero lucharía. Y se reanudaba la letanía de los cobardes, el crepitar de las pantallas. Las imágenes eran tan irrefutables que los acusados intentaban utilizarlas. «Amplíen mis ojos, se ve que estoy drogado», dijo uno. «Miren mi pupila. Me desperté en mi coche», añadió otro. Estos dos estaban encerrados en la misma cárcel, los defendía el mismo abogado, y era evidente que recitaban la estrategia que les habían indicado.

Lo escuché todo. Acabé saliendo de la sala cuando otro abogado con toga negra señaló que en la imagen mi pelvis se movía, que era una prueba de que yo estaba consciente, quizá incluso un gesto para animarlo a seguir. «Voy a explotar», les susurré a mis abogados. Abandoné la sala en señal de protesta. Solo lo hice dos veces en cuatro meses de audiencia. Sin embargo, la defensa se mostraba cada vez más vehemente. Empezó a exigir que se proyectaran fotos íntimas tomadas por Dominique sin mi conocimiento o con él, cuando estaba despierta, dando a entender que me gustaba, que tenía tendencias exhibicionistas e incluso que quizá estaba de acuerdo en que me utilizara como cebo en internet. Llegaron a preguntarme si cerraba la puerta del baño con pestillo.

«¡Usted lo ha querido, señora Pelicot!», gritaban uno tras otro en tono vengativo. Fue muy duro, y no me arrepentí de haber abierto el juicio al público, todo lo contrario, me di cuenta de que me habrían destrozado si nadie hubiera estado allí escuchando los debates. Y le dije al tribunal que entendía que las víctimas de violación no denunciaran, porque acababan siendo ellas las acusadas. Mis palabras no detuvieron a la defensa. A veces, al final de la audiencia, anunciaba una prueba que lo pondría todo patas arriba al día siguiente. Así, un abogado dijo que se reproduciría una secuencia en la que hablo, prueba irrefutable, según él, de mi complicidad. No sabíamos a qué vídeo se refería, había tantos en el expediente, cientos de horas, que mis abogados solo habían visto los que los investigadores habían seleccionado como pruebas de cargo. Anotaron la referencia. Tuve que verlo con Antoine esa misma tarde en una habitación de la planta baja de su hotel. Dominique está solo, también me drogaba para su placer personal, yo estoy en el sofá de nuestra casa, bajo los efectos de los somníferos que me ha hecho tragar. Mi cuerpo se desploma bajo el camisón, mis extremidades se relajan, tengo los ojos cerrados, pero sin duda los sedantes todavía no han alcanzado su efecto máximo, ya que hago una mueca mientras me sodomiza. Y susurro con voz débil: «Para, me haces daño». Escucharme a mí misma da vida de repente a mi cuerpo torturado. Era la primera vez que me enfrentaba a esas imágenes en presencia de otra persona. Nos quedamos en silencio cuando terminó, creo que incluso teníamos prisa por separarnos, nos despedimos, salí y por la ventana vi a Antoine todavía en la habitación, muy afectado e intentando con todas sus fuerzas no derrumbarse. Más tarde me dijo: «Esta vez es usted a quien vemos en la pantalla. No a una muerta. Habla, dice que no, pide que la deje en paz. Pero Dominique Pelicot no le hace caso. Es a usted a la que viola».

A la defensa no le sirvió de nada ese vídeo, evidentemente, pero volvieron a intentarlo. Una tarde pidieron que al día siguiente se reprodujera una secuencia en la que la señora Pelicot está haciéndole una felación al señor Pelicot, así como una escena libertina de un trío, prueba de que yo sabía que mi marido me grababa. Salimos de la sala sorprendidos, preguntándonos de nuevo de qué imágenes se trataba. Me adelanté a las preguntas de mis abogados, jamás de los jamases mi marido me había grabado con mi consentimiento durante un acto sexual. Nos fuimos a dormir perplejos. Hacia la una de la madrugada, Florian, que había vuelto para pasar unos días, llamó a nuestra puerta y me dijo que Stéphane y Antoine querían hablar conmigo urgentemente. Ya estaban conectados en una videollamada. Me incorporé, me coloqué las almohadas a la espalda, me arreglé el pelo, y Stéphane y Antoine, con cara de cansancio, me dijeron que Morgane y Adrien, colaboradores de Stéphane, habían encontrado los dos vídeos en cuestión. «¿Podemos mostrárselos? ¡Tiene que decirnos la verdad, Gisèle!». Entonces apareció en la pantalla un primer plano que cualquiera puede imaginar. «Mírelo bien. ¿Es usted, Gisèle?». La mujer tenía el mismo color de pelo que yo, pero no era mi nariz la que ladraba al cielo, como había escrito una periodista. No era mi habitación. Tampoco era mi perro el que aparecía en la foto. No, no era yo. Luego me hablaron de otra captura de pantalla, la misma mujer desnuda, en un columpio de nuestro garaje de Mazan.

«Bueno, llegados a este punto, ¡adelante, Stéphane! ¡Muéstreme esa foto!».

Sí, era nuestro garaje. Ella tenía el mismo corte de pelo que yo, pero estaba un poco más rellena, era más joven y seguía sin tener mi nariz. Un zoom en la barriga acabó de convencer a todo el mundo: no tenía un lunar como el mío por encima del ombligo. Nos sentimos aliviados, nos reímos, Jean-Loup y yo en la cama, y ellos en su hotel. Qué alivio reírnos de todo eso. Todos pudimos dormir tranquilos esa corta noche. A la mañana siguiente, como todos los días, el despertador estaba puesto a las seis menos cuarto. Me tomaba mi tiempo para desayunar y prepararme. Cuanto más señalaban mi elegancia, insinuando que una mujer que estuviera tan mal no tendría fuerzas para vestirse, más cuidaba mi atuendo.

Justo antes de que se iniciara la audiencia, nos encontramos en la pequeña sala de descanso reservada para nosotros. Stéphane insistió en hacerme una foto del lunar, así que me desabroché el pantalón y me levanté la blusa. El día empezaba de una forma muy extraña. Al abrir la sesión, se reprodujeron los vídeos, pero no tuvieron ningún peso, porque se había determinado que la persona que aparecía en las imágenes no era la señora Pelicot. Al interrogar a Dominique al respecto, aclaró que esa mujer que se parecía a mí se llamaba Nadine, que era la mujer de una pareja swinger con la que él quedaba cuando yo me iba a París a cuidar a nuestros nietos. Añadió que dos de los acusados también estaban en ese garaje, pero no dijo sus nombres.

Esa mujer desnuda y de pie en un columpio, con las manos atadas en alto y los ojos vendados, era en el fondo la única que había elegido aparecer en los sórdidos vídeos que él coleccionaba y distribuía. Pero así, ofrecida a los hombres gordos que la rodeaban, me parecía también condenada a sufrir sus abusos. Y me dije una vez más que Dominique tenía los medios para satisfacer sus pulsiones sin recurrir a la violencia de la sumisión química, pero que no le bastaba, su obsesión era yo. Y esperaba oírselo decir.

No volví a tomar la palabra hasta el 23 de octubre. Stéphane me propuso colocarse a mi lado, como la primera vez, pero le contesté que ahora podía estar sola en el estrado. Tras seis semanas de ataques incesantes, ya no tenía miedo. Incluso corregí al presidente del tribunal, le dije que no estábamos hablando de «escenas de sexo», sino de violaciones, sin lugar a dudas. Que no había «violaciones y violaciones», como se había atrevido a afirmar un abogado. Dije que en esa sala me sentía como si fuera yo la acusada, con cincuenta y una víctimas frente a mí.

No buscaba las palabras, que se habían afilado con las suyas. También las había alimentado y reconfortado la multitud de fuera, que crecía cada día y me acompañaba hasta la puerta del juzgado. Llevaba cuatro años huyendo de los abrazos demasiado fuertes de las personas que me quieren, sin aceptar la compasión de nadie, contando solo con mi fuerza, y sin duda con el olvido. Pero esa multitud ya no soportaba el olvido, esa forma que tiene la vida de separarnos y dejarnos solos, con nuestros dolores, que nadie conoce. Esa multitud me salvó.

Era una masa que me envolvía y me tranquilizaba, y para mí sigue siéndolo. Pero también dibuja una inquietante cadena de dramas subterráneos de los que solo he visto la parte superficial, que ha salido a la luz en el juicio. Me deja rostros que aparecieron ante mí con más claridad y que no olvido. Recuerdo a una joven de unos veinticinco años llorando cuando yo salía de la sala, murmuró que ella nunca podría ser tan valiente como yo y me detuve, tenía que decirle algo. Por suerte, no había cámaras ni micrófonos a mi alrededor, así que me acerqué a ella y le dije que no llorara, porque si no, yo también lloraría, y necesitaba ser fuerte. Y le pasé los dedos por debajo de los ojos para secárselos. También pensaba en ella, en su terror, en su juventud, mientras hablaba ante esa sala en mitad del juicio. Había preparado unas notas, palabras que empleaba por primera vez en mi vida: «Todos los días me dan las gracias por mi valentía. Quiero decirles que no es valentía, sino la voluntad y la determinación de hacer evolucionar esta sociedad patriarcal y machista».

Antes, jamás habría dicho estas frases.

# 17

—Señor Pelicot, ¿no mira los vídeos? —le preguntó un día el juez que presidía el tribunal.

—No, temo que todavía me proporcionen placer. Tengo que seguir trabajando con los psicólogos para distanciarme de ellos.

Estaba sentado aparte, un poco elevado, detrás de una mampara de cristal, en una silla acolchada que le habían concedido porque le dolía la cadera, lo que reforzaba la actitud dominante que siempre había tenido. Además, se erigía en acusador, ya que cada vez que uno de sus antiguos secuaces negaba toda responsabilidad en la violación alegando que lo habían engañado, o incluso que se hubiera producido una violación, Dominique lo interrumpía para señalar con autoridad que su cómplice había acudido por voluntad propia y sabiendo exactamente lo que iba a hacer. Él lo confesaba todo y llegó a reconocer que aún se excitaba al ver las torturas a las que me había sometido.

Yo seguía sin mirar los vídeos cuando los reproducían en las pantallas de la sala. Pero no había olvidado a mi sádico y aterrador marido en esas grabaciones, no había olvidado lo que había visto una vez, una sola vez, imposible borrarlo de mi mente: su mano sujetándome la nuca para ayudar a uno de esos cerdos a meterme el pene en la boca, sus dedos, en los que aún brillaba el anillo de casado, guiando el sexo de un desconocido hacia el mío.

Ahora estaba ante mí en la sala de audiencias. Solo me quedaban sus confesiones, su mirada evitando las imágenes, que aún le proporcionaban placer, y la esperanza de que en la cárcel se sometiera a terapia para poder dirigirme al hombre con el que creía que había compartido la vida.

¿Había existido alguna vez?

Era una de las preguntas del juicio. Fundamental para mí. Nuestros recuerdos nos conforman. Y ni los cuatro años transcurridos ni la magnitud de las atrocidades de las que se me había informado habían borrado los míos. ¿Qué hacer con ellos? ¿Qué sentido darles? En los primeros días del juicio vi a mis hijos subir al estrado para expresar su rabia y su dolor. Fue desgarrador. Sentí lo solos que estábamos y lo difícil que era superarlo juntos. El mal, al contrario de lo que se dice, no une. Dominique nos había devastado, aislado y distanciado mucho. Con el corazón encogido, escuché a David contar su complicidad con su padre, los momentos que había compartido con él y el profundo sentimiento de traición y de asco que ahora le provocaba; a Caroline, describir a un padre cariñoso, a un hombre atento al que se sentía muy unida, y después declarar que para ella ya no era más que el mayor depredador sexual de los últimos veinte años; y a Florian, casi decir delante de todos que esperaba ser hijo de otro, que no corriera por sus venas la sangre del torturador de su madre y no tener los genes del peor de los hombres.

Después llegaron los expertos para presentar sus conclusiones. Era un día de septiembre que debía dedicarse íntegramente a Dominique. Sin embargo, esa mañana solo estuvo unos minutos, el tiempo que tardó su abogada en explicar que tenían que ingresarlo en el hospital a consecuencia de unos cálculos renales. Así que desapareció de repente, como si prefiriera no estar allí mientras hablábamos de él. Mis abogados les hicieron a los psiquiatras la pregunta que me atormentaba: «¿Qué rasgo de personalidad hace posible que un hombre que dice amar a su mujer la someta a estas escenas, presencie el deterioro de su salud y la ponga en peligro? ¿Cómo conciliar esta evidente contradicción?».

El psiquiatra Paul Bensussan, que había interrogado a Dominique por extenso, describió a un hombre escindido y explicó que en un individuo pueden coexistir dos personalidades opuestas, una conectada con la realidad y la otra con sus fantasías. Y yo pensé en el día y la noche. «Quizá lo que mostraba era sincero», añadió. «Sincero». Me aferré a esta palabra. Tenía la impresión de que me permitía conservar una parte de mi vida, de que concedía cierta veracidad a mis recuerdos. Siguiendo con su informe, el doctor Bensussan describió a un hombre sin empatía, un pervertido narcisista que había desarrollado casi todas las formas de parafilia: voyeurismo, sadismo sexual, gusto por las relaciones de dominación-sumisión, necrofilia, fetichismo y candaulismo, un vicio que consiste en excitarse sexualmente observando a la pareja con otra persona. Aclaró que la escisión en Dominique era tal que le resultaría difícil llevar a cabo una auténtica introspección.

¿Qué quedaba en este cuadro clínico del hombre al que había conocido? ¿Había muerto hacía mucho tiempo? Y en ese caso, ¿cuándo? ¿Después de veinte o treinta años de matrimonio? ¿Había existido siquiera? Durante el juicio yo no dejaba de hacerme estas preguntas.

A veces me desconectaba, dejaba que las palabras de los expertos se elevaran y se desvanecieran en la sala. Es humillante escuchar cómo diseccionan tu vida, tu mente y tu cuerpo. Durante las audiencias y los peritajes médicos y psicológicos que se sucedieron en el estrado, oí hablar de mi edad, de las mujeres de mi edad, de mi coeficiente intelectual, dentro de la media, y de la cantidad de orgasmos que yo había tenido, escuché descripciones detalladas de cada uno de mis orificios, su color y sus secreciones, como si, además de aparecer desnuda e inconsciente en las pantallas, estuviera allí tumbada delante de todo el mundo. Paul Bensussan también mencionó a «la esposa», su «ceguera inconcebible», que aclaró que no tenía nada de culpable, que no tenía nada que ver con la complicidad que sugerían algunos abogados de la defensa. «De alguna manera, nos escindimos con el que nos escinde», concluyó. ¿Qué significaba eso? ¿Que me había quedado ciega ante las señales alarmantes que Dominique y su doble y peligrosa personalidad inevitablemente habían dejado entrever? ¿Que había sido incapaz de protegerme a mí misma y a mis hijos?

Desde mi asiento, a menudo observaba a las mujeres que acompañaban a los acusados, parejas, esposas, exparejas, pero a veces también madres o hermanas. Sufrían. Sentía su fragilidad y la violencia que se les infligía. Estaban prisioneras en una sala donde los jueces les pedían que contaran su vida privada, ante la mirada de un acusado que les exigía un apoyo total. Una madre dijo que su hijo no era capaz de hacer esas cosas. Apareció en las pantallas el vídeo de su hijo violando a una mujer de su edad. Prefirió salir de la sala, como todas las demás. Todas se marcharon. Ninguna quiso ver las imágenes y reconocer a su ser querido cometiendo una violación. Una esposa contó que mientras su madre había estado enferma, se había negado a mantener relaciones sexuales con su marido, y que «como hombre, él se había visto obligado a buscarlas en otra parte». Pedí a mis abogados que intervinieran, que no permitieran que se instalara la idea de que la culpa había sido de ella. «La señora Pelicot quiere que sepa que cree que usted no tiene ninguna responsabilidad en lo que hizo su marido», le dijo Stéphane en mi nombre. Pero yo podría haber sido esa mujer.

Me había sentido muy culpable después de haber tenido un amante, un momento de mi vida que se analizó a fondo en el juicio como un posible punto de inflexión para Dominique, me había sentido muy culpable por haberle hecho sufrir. Después le había permitido tener aventuras, convencida de que yo me lo había buscado y de que él necesitaba parejas sexuales más liberadas que yo. Yo había sido esa mujer que coloca la satisfacción del hombre por delante de la suya. Había olvidado las sensaciones nuevas, el placer que había descubierto durante mi aventura con Didier, como si en sus brazos me dejara llevar por fin, como si quizá no tuviéramos futuro pero entre nosotros no hubiera tanta tensión, esa tensión que Dominique introducía en nuestras relaciones sexuales, en las que me veía obligada a poner límites constantemente. Nunca me había cuestionado esos límites, había dejado que él los convirtiera en reproches, que me dijera que esos eran mis límites, mis complejos y mi lado santurrón, todo lo que no podía ofrecerle. Nunca me había permitido preguntarme qué me asustaba: ¿la sexualidad o él? Incluso cuando lo detuvieron, el terror ante lo que descubrí no impidió que la cantinela de la culpa volviera a surgir. ¿Qué podría haber hecho y no hice para ayudarlo a superar sus demonios? Pero se acabó. Ya no era culpa mía. Entendí que había estado casada con una patología grave. Esos cuatro largos años no habían sido en vano. Tampoco mi vida, mi relación con Jean-Loup.

Ya no tenía miedo.

Lo cierto es que el desfile de mujeres que fueron a testificar colocaba ante mí un espejo de lo que yo había sido. Solo mostraba la guerra que libramos contra nosotras mismas. Cuando detuvieron a sus parejas, la policía les propuso hacerles un análisis del pelo por si habían sufrido la misma suerte que yo. Lo rechazaron. Jamás, era imposible. Estaban seguras. Pero a Dominique le gustaba que los demás adoptaran su modo de actuar. Así fue como la señora Maréchal fue drogada y violada por su marido y el mío una decena de veces. Ella contó que había creído que era muy afortunada, como yo, habló de una vida familiar humilde y feliz con cinco hijos, y de repente un día se despertó y se encontró a Dominique en su cama. Él huyó por la ventana. El señor Maréchal balbuceó que había dejado entrar a un mirón, pero sin duda Dominique había ido a violarla.

No asistí a la audiencia el día que ella testificó, porque su marido no me había agredido, así que el caso no tenía que ver conmigo directamente. Mis abogados, preocupados al verme tan tensa y cansada cuando solo estábamos en la segunda semana de ese juicio maratoniano, me dijeron que mi presencia no era imprescindible y me aconsejaron que me tomara unas horas para respirar y descansar. Por eso no escuché su relato. Lo lamento porque mi marido la había violado. Ella no había presentado denuncia contra él ni contra su esposo. Al día siguiente, la defensa, siempre ávida de demostrar mi hipocresía o mi debilidad ante Dominique, me interrogó sobre esa ausencia de reacción. Respondí que ella estaba en su derecho y que yo no tenía por qué juzgarla. Y cuando los familiares del señor Maréchal fueron a declarar y relataron su infancia, la de un niño obligado a ver a su padre violando y haciendo violar a su madre, un niño golpeado, que recibía castigos corporales atado a un árbol, que pronto vio a su padre rondando a sus hermanas y le hacía felaciones para protegerlas, sentí que yo también podría haber sido la señora Maréchal.

«No lo he hecho mejor que mi padre», dijo Dominique tras un mes de juicio. Yo estaba esperando esta frase. No minimizaba sus delitos buscando en él el eco de su infancia, la sombra de su padre tiránico y las lágrimas continuas de su madre. No estaba fuera de lugar recordar los abusos que sufrió la joven Nicole y el acoso a su media hermana Geneviève, que decidió marcharse de casa a los diecisiete años. Esta última subió al estrado, frágil y sin aliento a sus más de ochenta años, para contar lo mucho que la aterrorizaba su padrastro, Denis. Pero después llegó Joël. Entró en la sala con su aplomo de persona importante. Reconoció las violaciones de Nicole, pero según él era un mero detalle, una historia habitual, el destino de las niñas en acogida, que han caído en tantas trampas.

Dijo que su padre era un hombre justo. Su medio hermana se lo había inventado todo. Y también Dominique se había imaginado esa violación por parte de un enfermero a los ocho años. Luego se puso a contar, como si fuera ayer, el día en que su hermano volvió del hospital. Su padre les mostró las mesas y las sillas de formica que acababa de comprar y le dijo a su hijo pequeño que tendría que quedarse con el taburete, porque el hospital le había costado mucho dinero. Dominique, según su hermano mayor, contó entonces que durante la noche un enfermero lo había manoseado, y sus padres llamaron al hospital, que lo negó. Por lo tanto, Joël consideró ante el tribunal que su hermano mentía desde su más tierna infancia.

Dominique protestó desde el banquillo: «¡Cuando volví, no le conté nada a nadie! ¡Nuestros padres nunca supieron lo que había pasado! No podía contarlo... El primero que destrozó a la familia fue nuestro padre. Yo asumo mi responsabilidad y pagaré por ello. Pero nuestro padre nunca pagó».

Yo me revolvía en mi banco. El fiscal, que estaba cerca de mí, me dijo:

—Me ha parecido que usted se enfadaba mucho mientras su cuñado testificaba.

—Sí, miente.

Recordé con claridad esos muebles de formica, que seguían en la cocina cuando entré en la familia, volví a ver a su madre hundida en una de las sillas y a Dominique suplicándole que dejara a su padre. Y todo terminaba ahí, toda la violencia, toda la sucesión de miedos conducían a esa sala del juicio. El que los había visto, los había denunciado e incluso había huido de ellos los llevaba dentro más que nadie y se había convertido en un criminal. Superaba con creces a su padre en horror.

Durante cincuenta años, yo había creído todo lo contrario, que nos habíamos salvado, que habíamos sabido vivir. Me equivocaba. Ahora asistía a la autopsia de nuestra historia en la gran sala del juzgado de Aviñón. «Cuando Dominique Pelicot conoce a su mujer, ella no lo cura, sino que lo reconcilia consigo mismo», dijo la abogada Zavarro, que, aunque defendía a Dominique, durante todo el juicio fue muy elegante conmigo.

A veces él me hacía señales desde el banquillo disimuladamente. Se llevaba la mano al corazón. Yo no respondía. ¿Era el gesto del hombre con el que había creído compartir mi vida? Lo dejaba caer de nuevo al vacío al que él nos había precipitado. Yo recibía los ataques de los abogados defensores, que me acusaban de apoyar y proteger al señor Pelicot, uno dijo que no dejaba de mirarlo y otro añadió que yo no era «clara». En ningún caso protegía a Dominique, su suerte estaba echada y ya no podría cometer más delitos, ni contra mí ni contra nadie.

Solo protegía recuerdos, fragmentos de nuestra vida, porque a veces quedan muros en pie después de un incendio, quizá negros y calcinados, pero aguantan y permiten adivinar el rastro de una escalera, un papel pintado que ya debería haberse cambiado, y aún resuenan pasos y momentos compartidos. Así era en mi cabeza, buscaba algún vestigio entre las cenizas, no podía decidirme a perderlo todo, luchaba contra el derrumbe, mi derrumbe. Si me arrebataban los cincuenta últimos años de mi vida, yo no había existido. Estaba muerta.

Entre los escombros de nuestra vida estaban las dos fotos de Caroline, que él le había hecho sin que ella se diera cuenta, mientras dormía. Ella las mencionó cuando habló por primera vez ante el tribunal y expresó su miedo a que también la hubiera drogado y abusado de ella. Estaban además los montajes repugnantes con fotos de mis nueras en la ducha, que había hecho con una cámara oculta en el baño. Dominique las recortaba, colocaba los cuerpos y pegaba las imágenes entre dos hombres o debajo de su miembro erecto, que también fotografiaba. Sus fantasías obscenas se habían colado en todas las habitaciones de nuestra casa. El psiquiatra explicó que el amor de Dominique Pelicot por su familia no era una barrera que le hiciera cuestionarse a sí mismo. Abordó el incesto, que se desprendía de las imágenes y los montajes de Dominique, un tema que planeaba sobre el juicio, aunque no era objeto del mismo desde el punto de vista jurídico. Esperábamos respuestas. Habíamos depositado en ese solemne marco de la justicia todas nuestras heridas y todo lo que nos quedaba de nuestra vida. Caroline pedía a los abogados, tanto a los nuestros como a Béatrice Zavarro, que se lo preguntaran una y otra vez, segura de que su padre acabaría derrumbándose. Nuestra casa seguía ardiendo.

Antoine, que representaba a Caroline y a Florian, le dijo a Dominique: «Esto empieza a ser demasiado para su hija... ¿Por qué no admite que al menos una vez le lanzó miradas incestuosas?». Él insistió en negarlo, a pesar de la evidencia de las fotografías y del fotomontaje. Seguía repitiendo que no las había hecho, aunque las habían sacado de su disco duro. «Nunca la he mirado así», repetía. Su abogada le preguntó en tono solemne si alguna vez había tenido la tentación de tocar a sus hijos o a sus nietos. Dominique, con la voz entrecortada, juró que nunca había puesto en peligro a sus nietos y volviéndose hacia Caroline le dijo: «Caroline, nunca te he tocado. Nunca te he drogado ni te he violado. No puedes decirlo. Es imposible, nunca lo he hecho».

Ese día ella estaba sentada a mi lado. No le pedí que creyera a su padre. ¿Cómo creerlo? Nos había mentido muchas veces. Y aunque yo seguía buscando en él al hombre escindido que nos habían descrito los psiquiatras, al que quería a sus hijos, Caroline no tenía por qué hacerlo. Pero esperaba que escuchara a la jueza de instrucción, Gwenola Journot, que declaró ante el tribunal que su investigación sobre la posible violación de Caroline no había llevado a ninguna parte. No había ningún dato que respaldara esta tesis, ninguna otra foto, ningún vídeo y ningún mensaje. Ella no tenía ningún recuerdo confuso de que pudiera haberla sedado, ningún síntoma en su cuerpo. No recordaba ningún momento en el que hubiera estado a solas con su padre. Solo estaban esas imágenes abyectas e inquietantes para todos nosotros.

No hablamos de ello después. Ya no podíamos. Ella se enfadaba con los abogados, con Jean-Loup y con su marido. El juicio no podría aliviar su dolor, disipar nuestras dudas ni responder a las preguntas que nos atormentaban. Peor aún, era posible que nos distanciara todavía más, porque el tribunal se centraba en los hechos concretos que se le habían presentado oficialmente y en las pruebas del expediente, y por lo tanto en mi calvario, lo que la dejaba con la sensación de que la excluían. «A mi madre la violaron, sin duda. Mediante sumisión química, sin duda. La única diferencia entre mi madre y yo es que en su caso hay pruebas. En el mío es una auténtica tragedia», declaró ante el tribunal. Ese «sin duda» que repitió como un mantra me pareció una cuchilla que separaba nuestros respectivos dolores, los enfrentaba, y yo no sabía cómo responder y cómo tranquilizarla, ya que ahora tranquilizarla era traicionarla.

Yo quería la verdad, toda la verdad. No pretendía salvar las apariencias ni perdonar a la madre y la esposa que había sido, esa mujer no había visto nada, seguramente no había podido, no había sabido protegerlos, y yacía casi muerta en tres pantallas frente a nosotros, y en otra en una sala contigua abierta al público, con la entrada prohibida a menores de edad y el consejo de que las personas sensibles salieran. Yo estaba al límite. A veces me ponía las gafas oscuras en la sala para ocultar mis lágrimas. Lo que ocurría allí era infinitamente triste, mientras que fuera soplaba un viento fuerte y liberador.

Y quise marcharme. Volver a casa. Que los debates se celebraran sin mí. Muchas veces tuve la tentación de volver a mi isla. Pero estaban los mensajes que recibía, la multitud, las mujeres que me esperaban y a las que no debía decepcionar. Y tampoco debía conceder ninguna victoria a los violadores y a sus defensores. Marcharme era desertar. Stéphane y Antoine me aconsejaron que buscara ayuda. Anne-Sophie, de la oficina de ayuda a las víctimas, me consiguió una cita con una psiquiatra del hospital Montfavet de Aviñón. Era especialista en traumas y me dijeron que había tratado a supervivientes de los atentados de Niza. Me pareció extraño el paralelismo entre los ataques de un terrorista y el de un marido, el cruce de acontecimientos externos e internos, pero quién sabe, quizá teníamos cosas en común. Fui tres veces a su consulta, ella intentaba devolverme las fuerzas, la vieja coraza que en el juicio tanto me reprochaban. Me ayudó. Fue como volver sobre mis pasos.

Aprovechando una jornada más corta del juicio, fui con Jean-Loup al Leclerc de Carpentras y pedí ver al guardia de seguridad que lo había desencadenado todo tras haber pillado a Dominique grabando a mujeres por debajo de la falda. El gerente me llevó a una sala trasera llena de pantallas conectadas a las cámaras de vigilancia. El guardia se emocionó, lo vi en sus ojos azules. Yo también, y nos abrazamos. Ese hombre me había salvado. Me dijo que por aquel entonces él también vivía en Mazan, que cuando el escándalo había salido a la luz se había escondido durante una semana porque recibía amenazas en ese pueblo que albergaba a varios de mis violadores, a algunos de los cuales todavía no habían identificado.

Deseaba que quienes lo habían amenazado estuvieran sentados entre los acusados. No esperaba nada de ellos. De Dominique esperaba algo más que una letanía de disculpas, un principio de explicación, pero no llegaba. «Soy un violador. Debo admitirlo y asumir la responsabilidad», decía. Hablaba con una voz más débil o más cansada que la que yo conocía, pero sin perder su autoridad. Mostraba una soltura escalofriante en una sala en la que estaban juzgándolo. Cuando Stéphane y Antoine le preguntaron cómo había podido ponerme en tanto peligro si decía que me amaba, respondió: «Lamento haber sido ingenuo». «¿Ingenuo?», replicó Stéphane. ¿Qué hacía allí esa palabra tan suave, cuando todo era tan bárbaro y violento en las imágenes? No tuvo nada más que añadir.

Yo había sido la ingenua.

En su última audiencia declaró que había querido «someter a una mujer insumisa». ¿A qué se refería? ¿A mi negativa a que fotografiara nuestras relaciones sexuales? ¿A practicar la sodomía? ¿A aquella noche de 2012 en la que unos amigos se empeñaron en que fuéramos a echar un vistazo a un club de intercambio de parejas de Pontault-Combault a cuyo dueño conocían? Al principio me negué, pero todos insistieron, dijeron que podía uno limitarse a tomar una copa, y era cierto, nos tomamos una copa de champán viendo a la gente bailar en la pista. Una puerta daba a otra sala, Dominique fue a mirar, volvió enseguida y le dije que quería marcharme a casa, pero nuestros amigos se quedaron. Sabía que él habría preferido que entráramos. «¡Ve, pero sin mí!», le dije después, siempre demasiado preocupada por su satisfacción. Seguramente volvió solo, pero ahora sé que quería ir conmigo. Yo había sido la llave de su huida y debía ser el juguete de sus crecientes fantasías. Al final me castigó por haberme negado. Nuestra habitación abierta a desconocidos no era más que la prolongación del lugar al que me había negado a acompañarlo. La lencería que yo llevaba en los vídeos era la misma que me negaba a comprar. La sumisión química era su respuesta a mis negativas. El hombre con el que había creído que vivía no estaba en esa sala.

Sin embargo, necesitaba hablar con él por última vez. Quería dirigirme al hombre con el que había creído dialogar durante cincuenta años. Muchas preguntas me daban vueltas en la cabeza desde que había salido sola de la comisaría cuatro años antes. El último día que tomé la palabra se fusionaron en una única pregunta que coloqué al final de nuestros recuerdos, al final de nuestro encuentro, de nuestra juventud y del nacimiento de cada uno de nuestros tres hijos, al final de nuestras vacaciones en familia, de nuestra complicidad, de nuestros viajes e incluso de nuestros problemas: con todo lo que habíamos vivido, ¿cómo había podido llegar a eso?

Era una pregunta sin respuesta. Finalmente lo entendí. Pero la hice sin mirar a Dominique. Stéphane me había dicho: «Mire al presidente del tribunal, no a él, si no se derrumbará». Hice la pregunta para poder mirar hacia atrás y no ver la oscuridad total, la nada en la que Dominique nos había sumido.

De los últimos días en el tribunal, tras tres meses de juicio, me quedan fragmentos. Mensajes contradictorios. Un claroscuro. «Este juicio será el de la cultura de la violación», declaró Antoine en su alegato final. «Será un testamento para las generaciones futuras», añadió Stéphane en el suyo. Pero no bastará para expresar la caída y el vértigo que sentíamos todos, mis hijos y yo estábamos tan solos como al principio. «Siempre decías que mamá era una santa, y tú eras el diablo», dijo Florian mirando a su padre. Caroline se acercó al banquillo de los acusados, donde estaba sentado Dominique, y le exigió que confesara. «¡Nunca te he tocado, nunca he tocado a mis hijos!», le gritó él. «¡Mientes! ¡Acabarás solo como un perro!», exclamó ella.

Justo antes de que los jueces se retiraran para decidir el veredicto, Dominique dijo que aceptaría su pena de prisión, pero que nunca pagaría lo suficiente por el daño que le había hecho a su familia.

El señor Maréchal solicitó cadena perpetua para sí mismo.

Algunos me pidieron perdón, pero me negué a concedérselo, ninguno de ellos había alertado a la policía de lo que estaba pasando en nuestra casa, ninguno había intentado ayudarme. Escuché excusas. Y muchos «Nada que añadir».

Condenaron a Dominique a la pena máxima de veinte años. Ni me alegré ni sentí lástima. Todo había terminado. Todavía me quedaba un largo camino por delante para entender lo que había sucedido o para aceptar que no lo entendía. En el veredicto también se le declaró culpable de grabar y difundir imágenes de carácter sexual de su hija y sus dos nueras.

Todos los acusados fueron declarados culpables de violación o de intento de violación y de agresión sexual agravada. La batalla estaba ganada. Ninguno de los hombres que me habían mancillado, ningún hombre que toca a una mujer sin su consentimiento escaparía de la cárcel.

Esa mañana, muy temprano, había recibido una llamada de Laurent Perret. Me dijo que estaría a la salida del juzgado. «Es un honor para mí garantizar su seguridad». Yo siempre lo llamaba teniente Perret, confundía los rangos, nunca supe el de mi padre, así que había ascendido a este suboficial que me había cambiado la vida. Después supe lo difícil que le había resultado hablar conmigo, que había buscado las palabras durante los días y las noches previos a nuestra citación en la comisaría. Sabía que iba a hacerme daño. Pero me había salvado.

Y allí estaba, con sus compañeros policías, cuando salí de la sala. Me abrió paso con sus anchos hombros. Había tanta gente que no me veía los pies. Dije unas palabras a la prensa, con mi nieto Nathan a mi lado, primero para mis hijos, mis nietos y mis nueras, todos aquellos a los que esta historia había destrozado y a los que habría querido proteger mejor, y después para las víctimas no reconocidas, cuyo dolor veía en sus ojos o leía en sus cartas. Por último, declaré que no me arrepentía de haber abierto la puerta del juicio, que en adelante le correspondía a toda la sociedad reflexionar y cambiar.

Fuera, un poderoso coro de mujeres cantaba maravillosamente, una pancarta con la frase «Gracias, Gisèle» ondeaba en las almenas de las murallas de Aviñón. Era demasiado grande para mí. Yo no era más que un reflejo, el objeto de los discursos, una imagen, para algunos incluso un icono, estaba agotada, había perdido de vista a mis hijos y a mis nietos en el tumulto, temía las huellas que este juicio dejaría en nuestra relación, pero me alegraba de que hubiera terminado, de que la vida siguiera adelante y, sin saber si había caminado o si la multitud me había arrastrado, me empujaron a la parte de atrás del coche con Stéphane y Antoine. Jean-Loup estaba al volante. Arrancó.

# 18

Esta historia ya no es del todo mía. Ha despertado un dolor silencioso y profundo que se remonta a la noche de los tiempos. Ha provocado una magnífica sacudida telúrica. ¿Cómo entender lo que sucedió, lo que mi calvario desencadenó? Esas mujeres que me escriben diciéndome que por fin han encontrado la fuerza para hablar, para afrontar lo que han sufrido, incluso para divorciarse, esos miles de cartas, ese hombre que en un andén me dio las gracias por sus dos hijas aún pequeñas, esas adolescentes que me reconocieron en el otro extremo del mundo, bajo la figura monumental del Cristo que se alza sobre Río de Janeiro, y se acercaron con lágrimas en los ojos, y esa pareja con la que me crucé en las dunas, cerca de mi casa, que me dijo que me quería... Sonrío, les doy las gracias, les contesto que yo también los quiero e intento atenuar la excesiva admiración de sus miradas. Lo único que he hecho ha sido recorrer una falla, la mía.

Cuando tenía dieciséis años, siempre me preguntaba cuál era mi misión. A esa edad nos preguntamos por el sentido de la vida. Yo buscaba algo más que eso, una misión, porque la necesitaba para escapar de la tristeza que había engullido a mi familia y que podría acabar también conmigo. Era el año 1968, las mujeres luchaban colectivamente por liberarse de una vida programada, por el derecho al aborto, por su libertad, y yo las escuchaba, las admiraba, pero estaba lejos de ellas, no entendía esa oposición entre hombres y mujeres. Me obsesionaba la figura melancólica de mi padre, al que nunca había podido consolar, ni a él ni a mi hermano, no había podido hacer nada por ellos, tan silenciosos, tan alejados de toda brutalidad masculina y tan prendados de mi madre. Y soñaba con el amor, con casarme, con una familia que lo arreglara todo para recuperar lo que me habían arrebatado, para envejecer al lado de un hombre, para abrazar a mis hijos hasta que se soltaran y rechazaran suavemente el abrazo materno porque ya hubieran crecido. Era lo que quería, nada podía desviarme de ese camino, y creí que lo conseguiría casándome, para bien y para mal.

Aquí estoy, a mis setenta años, una mujer mártir, símbolo de una nueva ola feminista de la que sé poco. No quiero volver a darle la espalda. Seguiré siendo quien soy, sin odio, incapaz de enfrentar a hombres y mujeres, porque creo que estamos hechos para vivir juntos. Seguramente decepcionaré a algunas activistas, no soy muy radical y sigo defendiendo una vida convencional y tranquila. Pero he oído cómo convertían el dolor de un juicio en cantos liberadores en la escalera del juzgado, he oído la alegría y la rabia venciendo al silencio, así que estoy encantada de ofrecer mi historia como ejemplo y mi nombre como estandarte. Y me alivia mucho saber que una mujer que se despierte sin recordar lo que le sucedió el día anterior pensará en mí o, mejor dicho, en lo que me sucedió. Sí, prefiero escribirlo así, que piense en lo que me sucedió. No me gusta la condición de víctima y nunca me he sentido ni me he considerado un icono. Quizá solo he cumplido esa misión que me obsesionaba a los dieciséis años.

He vivido mil vidas. Lo experimenté unos meses después del juicio, mientras caminaba con Jean-Loup por la playa de Tahití, en Bretaña, donde mis padres dejaron sus huellas efímeras en la arena, donde en verano iba de pícnic con mi padre, mi hermano y mi madrastra. Por ella, por esa mujer arisca y cruel, había vuelto allí para celebrar que cumplía noventa y ocho años. Yo había seguido en contacto con ella, se lo había prometido a mi padre en su lecho de muerte, y sin duda también porque soy así, me cuesta romper los vínculos, necesito un ancla para aferrarme al pasado, y ya solo me quedaba esa anciana que no había sabido quererme, ni siquiera un poquito. La llamé cuando mi vida dio un vuelco. Le dije que Dominique había muerto de un infarto. Era más fácil que contarle la verdad. Y después, a medida que el caso cobraba importancia, cambié mi versión, lo cual no es muy difícil con una mujer de esa edad, le expliqué que estaba en la cárcel por violación, pero no le conté todos sus delitos, su terrorífico método ni lo que yo había sufrido. Seguía temiendo sus reacciones hirientes y su frialdad. No había olvidado ninguna de las privaciones ni de las humillaciones que nos había infligido a mi hermano y a mí. Y ahora iba a presentarle a Jean-Loup.

Nos había informado con antelación del precio del menú en la residencia, y le habíamos asegurado que pagaríamos nuestra parte. Durante esa comida incomible, la oí alardear ante mi pareja de lo bien que me había educado, y también quejarse de que la tumba de mi madre había costado más que la de mi padre, donde pronto se reuniría con él. Nada, absolutamente nada, podía ablandarla. Pero yo me había acostumbrado a callarme y ese día incluso me hice una foto con ella con la mano apoyada en su hombro.

Seis meses después, esa foto estaba encima de su ataúd. La habían recortado para que solo se la viera a ella, pero mi mano seguía sobre su hombro, mi mano, atrapada en la imagen, como en mi infancia, mi mano, que podía dar a entender que esa mujer había querido y había sido querida, mi mano, demasiado dócil, creando afecto donde no lo había, tan llena de consideración incluso con aquellos que me han hecho daño. Una parte de mi vida se cerraba para siempre. Solo Jean-Loup y yo la acompañamos al cementerio, ningún miembro de su familia estaba allí. Miré el fondo de la tumba, hacia mi padre, que habría preferido que lo enterraran en otro sitio, le sonreí, como diciéndole: «¿Lo ves? Estoy aquí, he cumplido mi promesa». Pero ¿qué promesa? ¿Portarme bien, callarme y siempre limar asperezas? Mi sonrisa no me protegió.

A veces me digo que si mi padre hubiera vuelto a casarse con una mujer más cariñosa, ella nunca habría llenado la ausencia de nuestra madre, pero habríamos tenido más confianza en nosotros mismos, mi hermano no se habría sumido en la melancolía hasta detenérsele el corazón, y yo seguramente no me habría precipitado al amor sin defensas. En mi afán por salvarme, me lancé hacia la persona equivocada. Así podría reescribir la historia una y otra vez... Si mi madre no hubiera caído enferma, no habríamos vuelto a Indre y no habría conocido a Dominique. Pero ¿para qué buscar la vida que no tuvimos, el momento en que nos equivocamos? Conozco demasiado bien la lógica de nuestro encuentro, tan poderosa que me alcanzó en el despacho del suboficial Perret, como si hubiera sucedido el día anterior. Así que no tiene sentido perderse en arrepentimientos.

Sin duda por eso aguanté en el juicio. Todo el mundo esperaba ver llegar a una mujer devastada. No fue así. Aún sabía por qué lo había amado y, como dije ante el tribunal, probablemente hasta el fin de mis días hurgaré en el misterio de mis recuerdos para salvar algunos. Jamás me reducirán a ese cuerpo torturado, mi alma no está ahí, ni la de la niña que fui, ni la de la mujer en la que me he convertido. Es extraño pensar en ambas, superponerlas, conozco sus similitudes, la fuerza vital que comparten, pero también conozco sus diferencias. Ya no soy la esposa en estado de shock en la comisaría. Ya no soy la que era antes de descubrir la verdadera cara de Dominique. Sigo adelante.

Necesité caminar. Necesité el silencio, al que no es tan fácil enfrentarse. Aguanto. Llegaré hasta el final del camino. Soy como el funambulista en la cuerda floja, debo continuar. No me gustan las lágrimas ni la efusividad en público. Me niego a dejarme arrastrar por el odio. Así que si parezco algo rígida bajo la máscara de mi sonrisa, digna para unos, sospechosa para otros, si he parecido indiferente a los horrores que se mostraban, incluso para mis hijos, es porque me centro en el siguiente paso, en el siguiente día. Conozco muy bien la sensación de vacío, vivo con su amenaza desde siempre, me acecha, me quita lo que más quiero, y era la que me succionaba cuando lo perdí todo, cuando llegué con mis dos maletas y mi perro a la abarrotada estación de Lyon, ese día oí su llamada, habría podido caerme, pero quería aguantar, asegurarme una vez más de que la vida podía continuar, era lo mejor que podía ofrecer a los míos.

Sin embargo, mi relación con David y Caroline se ha ido distanciando después del juicio. La denuncia de Nathan se archivó. Las preguntas sin respuesta han seguido separándonos. Antoine nos advirtió que la duda podría condenar a Caroline al infierno eterno. Estoy muy orgullosa de ella porque ha creado una asociación contra la sumisión química, M'endors Pas (No Me Duermas). Pensé que encarnando esta magnífica lucha contra una plaga ignorada y ausente de nuestro imaginario, que lanzando campañas de concienciación y dialogando con las instituciones, también ella encontraría su misión. Sé muy bien que el debate público no puede sofocar nuestro sufrimiento privado, que, una vez a solas, el pasado resurge en cada uno de nosotros, y que mi hija, en su cuerpo de mujer, tiene que replantearse una historia terrible y trágica. Entiendo menos la violencia de sus palabras y que exponga nuestras dificultades ante la opinión pública. Espero. Esperaré el tiempo que sea necesario para que las cosas se calmen. Precisamente porque creo en los recuerdos, en la huella que dejan en nosotros, en el amor infinito que he dado y he recibido de mis hijos.

El 6 de octubre de 2025, cuando tuve que volver al juzgado, en esta ocasión ante el tribunal de apelación de Nimes, las pancartas seguían allí y volvían a oírse los cánticos. Pero regresar, empezar de nuevo, entrar en una sala de audiencias y volver a escucharlo todo una y otra vez me hacía un nudo en el estómago. No quería revivirlo. Sin embargo, tenía que hacerlo. De los diecisiete condenados que habían apelado la sentencia del juicio en primera instancia, solo uno había llevado el caso hasta el final. El hecho de que uno solo de ellos siguiera reclamando la absolución, de que una sola noche de tortura, la del 28 de junio de 2019, pudiera librarse de que la calificaran como violación me resultaba insoportable. Por eso tenía que estar allí. Florian estaba a mi lado, no quería dejarme sola. Yo ya no tenía a toda una manada ante mí, sino a un hombre encorvado en una silla que seguía negándose a admitir que me había violado y repetía una y otra vez que lo habían engañado y que no había querido hacerme daño. «¿Qué es una violación?», le preguntó el presidente del tribunal. «Es atar a alguien y tomarlo por la fuerza, pero yo no recurrí a la violencia», contestó. Sus respuestas rezumaban la horrible imaginería de la dominación masculina. El año transcurrido desde el juicio en primera instancia no le había hecho reflexionar. Como tampoco había acallado las burlas y las certezas que aún se oyen en la sociedad, incluso entre personas supuestamente reflexivas a las que parece que todavía les cuesta creerme. A todos esos idiotizados por una misoginia milenaria habría que hacerles la pregunta que el presidente del tribunal formuló muy despacio, como les hablamos a los niños: «¿Ella se comportaba como se comporta una mujer cuando está de acuerdo?». «No», admitió el acusado.

Y una vez más hubo que reproducir los catorce vídeos en los que él aparece. Le pedí a Florian que saliera de la sala; Morgane, la joven colaboradora de Stéphane, me dio una medalla para que la apretara en la mano con fuerza y bajé la mirada, pero vislumbraba a mi agresor, con la cabeza inclinada hacia la pantalla, fascinado por el espectáculo de su vigor sexual, tan fascinado que parecía no entender que estaba aumentando la condena inicial contra la que apelaba. Stéphane y Antoine le ofrecieron varias veces la oportunidad de confesar su delito porque, como bien dijo Stéphane, yo no estaba allí para hundirlo. Yo no era insensible a las familias, a los hijos de los acusados, a los que este caso hacía sufrir. «Gisèle Pelicot solo pide que no se cuestione lo que vivió, una violación que deja una profunda huella, una violación que golpea por su total falta de humanidad, como todas las violaciones», dijo Stéphane. «¿La violó?». «No», insistía el violador. Todos nos preguntábamos qué hacíamos allí.

Dominique llegó una tarde en calidad de testigo. Recordó que el acusado no había sido forzado, que había «aprovechado» la ocasión, según sus propias palabras. Habló sentado, todavía le dolía la cadera. Florian, a mi lado, no apartaba los ojos de él, fulminaba con la mirada a ese padre al que dice que siempre ha temido. La autoridad de Dominique no había flaqueado, ni siquiera después de llevar un año encerrado. «Tengo una personalidad que puede gustar o no», reconoció, y controlaba los debates hasta tal punto que todos entendían lo que quería decir. «Vivimos juntos cincuenta años. Durante cuarenta fui intachable, y durante diez, miserable. Después de cuarenta años, ella confiaba en mí, no veía al diablo que tenía delante. Hice todo lo posible para que no viera nada», dijo.

Florian me recordó después que fue él quien había utilizado la palabra «diablo» en el primer juicio, y que ahora su padre la retomaba. No era una coincidencia, evidentemente. Nos hablaba a nosotros. Pero su peculiar contabilidad de nuestra vida es falsa. ¿Cuarenta años intachable, cuando admite un intento de violación en 1999? ¿Cuando aún es sospechoso de un asesinato en 1991? La justicia rechazó en un principio la solicitud de exhumación del cuerpo presentada por el juez de instrucción del caso, porque las muestras no serían concluyentes después de tantos años, el cuerpo ya solo contiene su propio ADN, pero después el tribunal de apelación la ordenó. Será una prueba para la familia de la chica. Espero que permita zanjar el asunto, incluso que lo exculpe, sí, lo deseo, porque si fue capaz de matar, el vacío me amenaza de nuevo, un vacío inmenso al que se precipitarán tantas nuevas preguntas. Produce vértigo. La justicia decidirá. Una vez más, no lucho contra la verdad, sino contra la caída.

Y tendré que ir a verlo a la cárcel, aunque muchas personas me aconsejan que no lo haga. Lo necesito. No he estado a solas con él desde que entramos juntos en la comisaría.

Cuando me mirabas por la mañana, ¿ni por un instante sentiste lástima por mí?

¿Ni por un instante te dijiste que tenías que parar?

¿Abusaste de nuestra hija? ¿Cometiste ese delito atroz?

¿Eres consciente del infierno en el que vivimos? Siempre te culparé por haber sumido a nuestros hijos y a nuestros nietos en el dolor.

Y la noche en que llegaste a casa llorando, ¿fue después de haber intentado violar a esa chica?

¿Por qué no me lo contaste?

¿También has matado? ¿Fuiste capaz de matar?

Le preguntaré todo esto. Necesito respuestas, me las debe. Hablaré con el hombre con el que creí casarme. Si aún está ahí, me responderá. ¿Qué puede perder, si de todas formas terminará su vida en la cárcel? Y si no está ahí desde hace mucho tiempo, si de él solo queda patología, omnipotencia y manipulación, también lo sentiré. En cualquier caso, seguiré adelante. Esa visita no será un regalo, ni una debilidad, será una despedida, un paso indispensable para reconstruirme.

Durante un receso del juicio de apelación en Nimes, el comisario de Aviñón, Jérémie Bosse-Platière, que había estado a cargo de la investigación tras la detención de Dominique, vino a verme. «Quería decirle lo feliz que me hace que esté usted bien». Me estrechó la mano durante un buen rato, no la soltaba, como si mi palma entre la suya pudiera por fin borrar de su mente mi cuerpo inconsciente, las atrocidades que había tenido que ver. Sé cuánto sigue atormentando esta historia a los que se ocuparon de recopilar todos los detalles para la investigación, y les debo la vida. También sé que persigue a los periodistas que tuvieron que pasar por la dolorosa experiencia de cubrir el largo juicio. A ellos les debo no haber estado sola frente a mis torturadores, llegaron en masa cuando mis abogados anunciaron mi decisión de abrir las puertas del juzgado, vinieron de todas partes para contar lo que sucedía, que era mucho más que un desfile de monstruos, era una inmersión en todos nosotros, hombres y mujeres corrientes, en nuestras habitaciones, nuestras relaciones, nuestras familias y nuestras cloacas. Esta historia remueve nuestra violencia, nuestra inmundicia apenas oculta, nuestros traumas latentes, nuestros silencios, nuestras huidas, es el sucio reflejo de la dominación y la depredación, que aún estructuran nuestro mundo.

Se acabó. El caso está cerrado. Todos los violadores están en la cárcel. Al que apeló lo condenaron a diez años en lugar de nueve. El tiempo de la justicia ha terminado. Me ha ayudado, me ha puesto a prueba, ha hurgado en cincuenta años de mi vida, medio siglo destrozado y despedazado que ahora se aleja. Me ha dejado a aliados para siempre, Stéphane y Antoine, mis abogados. Tantas llamadas telefónicas diarias durante estos últimos años, tantas preguntas, tantos consejos y ánimos que no puedo imaginar que nuestro diálogo se interrumpa con el cierre del caso. Todos estos sufrimientos han forjado una especie de gran familia a mi alrededor, porque me siento profundamente unida a las personas que me ayudaron cuando ya no me quedaba nada.

Me gusta esta palabra, «familia», es el ámbito de mis dramas y de mi sanación. Y en el centro, exactamente en el centro de lo que esperaba de la vida cuando era joven, siempre estarán mis hijos y mis nietos, a los que echo de menos. Esta historia también es la suya. Algún día sentirán que nuestra vida empieza mucho antes que nosotros. Espero poder estar a su lado y responder de viva voz a sus preguntas. Les diré que sigo llevando el apellido Pelicot para que no tengan que avergonzarse de él y que me gustaba mucho coger el tren para estar con ellos durante las vacaciones. Creo incluso que ellos me salvaron. Cuando subía al TGV, ya no era la misma persona que, apenas unos años antes, iba a trabajar cada mañana al departamento nuclear de EDF, me sentía débil, a merced de una recaída, tenía miedo de mis pérdidas de memoria, de un tumor en la cabeza y de una muerte inminente. En el fondo, la sumisión química no me afectaba durante diez o doce horas, sino cada instante de mi vida. Aún no lo sabía, pero solo estaba a salvo cuando iba a cuidar a mis nietos. Abandonaba la casa de los horrores. Abrazaba la ligereza de mis nietos, también sus preocupaciones, muy pequeñas para nosotros, los adultos, pero tan importantes, les ofrecía el tiempo y la indulgencia que no siempre hemos tenido con nuestros hijos, y disfrutaba con ellos del placer de tener seis, siete, ocho años, edades en las que yo solo temía la muerte de mi madre. Creía que los cuidaba. Ahora me doy cuenta de que, sin saberlo, ellos también me cuidaban a mí. La infancia, su infancia, se convertía en mi refugio.

La mía, me doy cuenta al leer estas páginas, es un pequeño y extraño monumento que llevo dentro de mí. Es mi tesoro y mi dolor, por eso mis lágrimas siempre fluyen hacia dentro, estoy hecha del mármol que lo recubre.

Con este libro quiero dejar constancia de lo que me sucedió después.

Y decir que ya no me da miedo estar sola, que ahora consigo dormir en la oscuridad, lo cual es una gran victoria.

Decir que renacemos de nuestras cenizas, que he recuperado la alegría de vivir, que amo a Jean-Loup y que voy a menudo a llevar flores a la tumba de su mujer, porque el presente nunca entierra el pasado.

Decir que estoy viva. Que necesito creer en el amor. Lo recibí de mis padres con intensidad, pero durante muy poco tiempo, y siempre he creído que salvaba de todo, incluso he creído que sabía darlo.

Ahora sé que me viene de una herida profunda en mi interior y que me hace vulnerable. Pero acepto esta fragilidad, este riesgo. Para luchar contra el vacío, necesito amar.

Este libro terminó
de imprimirse en
Bogotá
en febrero de 2026

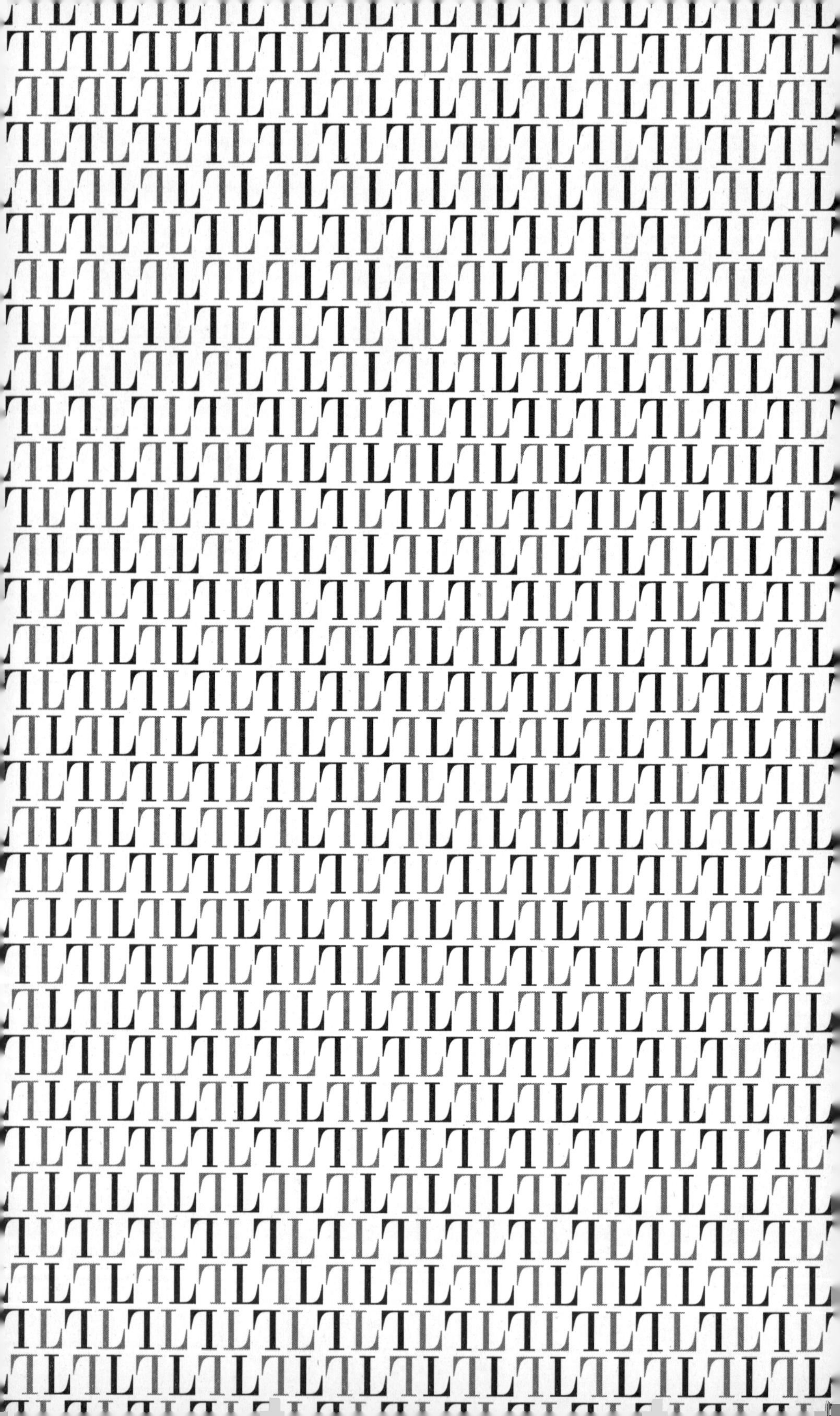